O VÍRUS E A FARSA POPULISTA

CÓPIA NÃO AUTORIZADA É CRIME
ABDR
RESPEITE O DIREITO AUTORAL

O VÍRUS E A FARSA POPULISTA

Milton Blay

Montagem de capa e diagramação
Gustavo S. Vilas Boas

Preparação de textos
Lilian Aquino

Revisão
Ana Paula Luccisano

Dados Internacionais de Catalogação na Publicação (CIP)

Blay, Milton
O vírus e a farsa populista / Milton Blay. – São Paulo :
Contexto, 2021.
256 p.

ISBN 978-65-5541-092-1

1. Política e governo 2. Covid-19 (Doença) – Aspectos sociais
3. Pandemia – Aspectos sociais 4. Democracia I. Título

21-2508 CDD 320.981

Angélica Ilacqua CRB-8/7057

Índice para catálogo sistemático:
1. Política e governo

2021

EDITORA CONTEXTO
Diretor editorial: *Jaime Pinsky*

Rua Dr. José Elias, 520 – Alto da Lapa
05083-030 – São Paulo – SP
PABX: (11) 3832 5838
contexto@editoracontexto.com.br
www.editoracontexto.com.br

A democracia não garante que sejamos felizes, apenas assegura que possamos procurar a felicidade sem nos eliminarmos uns aos outros no caminho.

Karl Popper

Estamos num labirinto onde não vemos o Minotauro, mas sentimos a sua presença. Todos desejam respostas. Mas, no mercado, as respostas estão esgotadas, como as máscaras ou o álcool etílico. Em Delfos, os gregos perguntavam o futuro à pitonisa. Hoje, nem mesmo o Google tem bola de cristal. Nem os políticos. Nem os mercados. Nem os videntes. Como será o mundo depois da covid-19? Sabemos apenas o que desejávamos ignorar. Seremos mais pobres e haverá uma astronômica dívida por pagar.

Fernando Sobral

À minha mulher,
aos meus filhos e postiços,
à família distante,
aos amigos-irmãos,
à Bumba, que partiu,
ao Sting, que chegou...

SUMÁRIO

INTRODUÇÃO

13 de abril de 2020, 20h06.

Trinta e seis milhões de franceses estão diante da televisão, o mesmo número de telespectadores que assistiram à final da Copa do Mundo de futebol de 2018, a França bicampeã. O presidente Emmanuel Macron, em rede nacional, acaba de anunciar a prorrogação do confinamento até 11 de maio. Já estamos isolados em nossas casas há um mês e sabemos agora que assim será por praticamente um mês suplementar. Não há surpresa, o anúncio era esperado. Imediatamente, uma nova pesquisa no país das sondagens mostra que 95% estão de acordo com a medida. Mesmo assim, eu fico paralisado, com um sentimento ruim. Um mês, só mais um mês... trota na minha cabeça. Inicialmente, não consigo saber o porquê, é um sentimento, não algo racional. Depois, elaborando um pouco, chego à conclusão de que se trata de uma questão de insegurança; sou uma pessoa de risco e mais de 70% dos mortos têm acima de 65 anos de idade. O que fazer, voltar no tempo? Não dá. Até ontem os cientistas falavam em vida eterna, numa geração de centenários que já tinha nascido, em cura de doenças incuráveis, passando a impressão de eternidade. O coronavírus, esse ser invisível que se transformou em nosso pior inimigo, de maneira rasteira, disse em alto e bom som que "o sonho acabou". Nunca me dei conta do medo da morte, mas acho que é cedo demais para ir embora. Quero participar, bem vivo, da derrota do vírus, como festejei a derrota de Trump e festejarei a de Bolsonaro, quero voltar a abraçar os meus filhos bem apertado, beijá-los durante horas, jogar conversa fora olhos nos olhos, quero voltar a fazer ginástica com meu amigo Xavier, não através de uma fria tela de computador, quero passear com o meu cachorro na praça de Garches, com seus milhares de cheiros, quero ir à feira aos sábados, quero assistir maravilhado, de mãos dadas com a minha mulher, a um concerto na Philharmonie de Paris e no final gritarmos juntos, de pulmões abertos, BRAVO! BRAVO!, quero voltar ao menos mais uma vez ao Brasil, relembrar o passado com minha irmã, comer pastéis com os sobrinhos, bravejar contra o nazifascista presidente com a minha cunhada entre duas caipirinhas na Urca, lançar mais um livro, sentir a água salgada do mar e sonhar de olhos abertos, sentindo o calor daqueles e das coisas que amo. Quero tudo isso e muito mais. Será possível? A resposta a Deus pertence, em quem não acredito. Em cartomantes tampouco. Sou duplamente ateu. Merda!

No dia 11 de maio começou o desconfinamento. As pessoas, de máscara, puderam começar a sair às ruas, gradualmente. Eu também quis sair, mas também quis ficar em casa, recluso. Sair significava ter forças para enfrentar o mundo, um mundo novo, desconhecido. Sei o que gostaria que fosse esse mundo novo, mais solidário, democrático, menos desigual, fraterno. Mas, ao mesmo tempo, temo que aconteça o inverso.

Durante o confinamento não consegui dormir bem nem um dia sequer. Sempre acordei cansado, por volta das 5 da manhã, precisando recorrer a fontes de energia desconhecidas para passar o dia. Tentei manter uma rotina mínima, pontuada de momentos de euforia por todos estarem bem à minha volta e outros de estresse, em que o choro me acompanhou. Os mais difíceis foram os instantes de extrema lucidez.

Como pudemos chegar a esse ponto? Como foi possível que um enfermeiro do Hospital La Pitié Salpêtrière, em plena Paris, a cidade mais rica do 5° país mais rico do mundo, tivesse que vestir um saco de lixo para se proteger? Como foi possível que um médico tenha tido uma só máscara descartável para trabalhar 14 horas seguidas quando o tempo de vida útil de proteção é de apenas 4 horas? Como foi possível que os bravos garis não tivessem a mínima proteção? Como foi possível, tantos "Como foi possível"?

A única resposta que me vem à cabeça é que tudo, ou quase, estava errado, que construímos um mundo maluco, em que o supérfluo era mais importante que o vital. Um mundo louco, como loucos foram tantos os que elegeram alguns psicopatas que nos governam e que minimizaram o coronavírus como se fosse uma simples gripezinha.

Outro dia, no Facebook, li um post que dizia: O coronavírus mostrou que "as profissões mais mal pagas são as mais importantes." Uma meia-verdade, que se incluísse o pessoal médico seria uma verdade absoluta.

Diariamente, às 20 horas, durante dois minutos, os sinos das igrejas badalaram e saímos à janela para aplaudir essa gente sem a qual nada seria possível. Os lixeiros, ao ouvir os aplausos, sentiram-se valorizados e com enormes sorrisos agradeciam, punho fechado, o dedão voltado para o alto em sinal de positivo. Todo dia eu perguntava se estava tudo bem. Eles me respondiam que sim, *ça va bien!* Por instantes pareciam felizes. Nada mais normal, pois até ontem os pais repreendiam os filhos preguiçosos com a seguinte referência: *Se você não estudar acabará sendo lixeiro*, "o mais baixo na escala do trabalho", como disse desavergonhadamente o jornalista Boris Casoy, então âncora do Jornal da Band.

Não sei se no futuro teremos telejornais, mas sei que os lixeiros são imprescindíveis.

A passagem do caminhão de lixo em frente de casa tornou-se um momento importante do cotidiano confinado.

De certa maneira devo agradecer ao coronavírus. Graças ao isolamento, terminei um ciclo interno que me permitiu fazer um *mea culpa* e colocar as últimas peças do *puzzle* na tábua de valores. O respeito pelo ser humano é o que conta, sobretudo em relação aos mais carentes. Não por caridade, mas sim porque geralmente são os melhores dentre nós. Sem humanidade somos nulos. O confinamento me permitiu o tempo da reflexão. Hoje, uma janela de oportunidade se abre para que possamos mudar as coisas, nos tornarmos melhores internamente e tentar transformar, por pouco que seja, esse mundo tão desigual, tão mesquinho. É agora ou nunca. Se perdermos a hora, a nossa geração, que sonhou em 1968 que tudo era possível, deixará um legado terrível aos nossos netos. Na época, vivíamos a era da abundância, hoje estamos diante de um cenário de crises profundas e diversas. Nos últimos tempos, baixamos os braços, abandonamos a marcha do mundo nas mãos de outros, que se aproveitaram para impor o pior: a discriminação, o autoritarismo, o consumismo, as desigualdades extremas, o ódio. Estávamos cientes e nada ou muito pouco fizemos. Somos velhos e não temos o direito de perder a derradeira oportunidade que se apresenta. Se alguém, nessa fase da pandemia, lhe perguntar: "Para que servem os velhos?", responda: "Eles ainda podem servir para ajudar a criar um homem melhor, serem os garantidores da solidariedade".

De fato, essa ocasião única me levou, como a tantos outros, a questionar ainda mais o espaço em que vivemos. O despreparo dos nossos sistemas de saúde em face do ataque do vírus mostrou que o Estado Providência era uma falácia e que na verdade o homem não ocupava o lugar central que deveria ser o seu. O neoliberalismo nos levou a pensar em termos de eficiência financeira e não em qualidade de vida. Os hospitais passaram a ser administrados por economistas ou engenheiros, não por médicos. O tal "mercado" só enche a carteira daqueles que vivem de dividendos. Com a globalização, nos tornamos totalmente dependentes de outros em coisas essenciais, ao ponto absurdo de não termos máscaras, nem luvas, nem álcool, nem sequer paracetamol contra dores e febre. O mínimo do mínimo tornou-se raro e desencadeou verdadeiras "guerras" comerciais. Muitos de nossos pseudolíderes usaram o descaso e a mentira como armas de combate ao coronavírus. Brincaram de faz de conta, mas alguns, nem assim, perderam apoiadores. Como? Não sei. Populistas ultranacionalistas hastearam a bandeira do nós contra eles, incitando à guerra civil em meio a uma crise pandêmica sem precedentes.

Para onde vamos? As certezas se esvaíram. Só sabemos, sem dúvida possível, que nada mais será como antes. Como vamos viver?

Numerosos intelectuais, militantes associativos, economistas, políticos, filósofos estão convencidos de que o modelo pré-pandêmico, alicerçado no crescimento econômico e no liberalismo globalizado, desmoronou. E que a derrota de Donald Trump poderá reabrir o caminho das Luzes; será o início do fim do populismo fascista, ignorante e retrógrado.

Ao mesmo tempo, infinitas questões se colocam sobre a saída total do confinamento, que deverá demorar, segundo estudiosos, por volta de dois anos ou mais, talvez muito mais. É necessário e urgente fazer um balanço do funcionamento das nossas sociedades de "bem-estar". A crise, consequência da covid-19, é uma ocasião única para refundar o modelo e optar por medidas até então impensáveis. O momento é agora. Exige criatividade, coragem e determinação. O homem poderá, quem sabe, voltar a ser humano.

O objetivo deste livro é refletir sobre a saída da pandemia, dar algumas pistas do que está sendo debatido, apontar alguns caminhos e mostrar que talvez não seja impossível nos tornarmos agentes do nosso futuro.

No momento em que coloco um ponto-final neste texto, um ano após as primeiras medidas contra o coronavírus na França, estou novamente confinado. É a terceira onda. Estamos num patamar de 20 a 25 mil novos casos diários e 70% dos leitos de UTI ocupados por doentes da covid.

Até quando será assim? Já se fala em outras ondas com novas variantes além da britânica, da sul-africana e da brasileira, apesar da vacina, que chegou no finalzinho de um *annus horribilis.*

Quando voltaremos ao "normal"? A resposta dos cientistas é de dar frio da barriga: "Quando todos tiverem sido vacinados ou que haja imunidade de rebanho."

Antes disso, porém, ao deixar o vírus circular livremente, a antipolítica sanitária dos Bolsonaros do mundo poderá provocar o surgimento de outras cepas, ainda mais contagiosas e mortais.

Ou talvez, como dizia Ernesto Sabato: "Ainda há tempo de inverter este abandono e este massacre... O ser humano sabe fazer dos obstáculos novos caminhos porque, para a vida, basta o espaço de uma fenda para renascer."

NADA MAIS SERÁ COMO ANTES

"No mundo que emergirá após a crise do coronavírus, nada mais será como antes", tal como Albert Camus antecipou em *A peste*.

O coronavírus se tornou uma metáfora do estado do mundo, onde os cidadãos perderam o controle de suas vidas numa espécie de isolamento físico, social e político. Para muitos, a tendência é de erosão do Estado de Direito, de quarentena democrática e progressão do vírus do autoritarismo.

Também não é de estranhar o desprezo com que as presidências dos Estados Unidos, do Brasil e de outros países dirigidos por populistas de extrema direita lidaram com a dimensão da ameaça, dando sinais de rejeição da ciência, que tanto dano tem feito à humanidade.

O mundo que emergirá após a crise poderá reforçar ainda mais a tendência para soluções políticas autoritárias e unilateralistas. Ou não.

Um dos paradoxos desta pandemia é que, embora não seja das mais letais, quando comparamos a outras próximas ou distantes, nenhuma atingiu as proporções de ameaça global da covid-19. Pode-se dizer que este é o efeito mais dramático do processo de globalização que marcou o mundo nas últimas décadas e cujas consequências econômicas, sociais e políticas pareciam irreversíveis. Agora, nada mais se sabe. A única certeza absoluta é que a chamada "globalização feliz" terminou.

Outro paradoxo: à globalização da ameaça do vírus se contrapôs o reflexo defensivo do fechamento das fronteiras, do enclausuramento de países, regiões e indivíduos, para não falar do retorno do instinto nacionalista e xenófobo, confundidos com o instinto de sobrevivência. O politólogo português David Pontes, numa coluna do jornal *Público,* disse não estranhar o fato de que a primeira reação à pandemia por parte de lideranças como Donald Trump ou Vladimir Putin tenha sido o fechamento das fronteiras, matriz do "nós contra eles", do nacionalismo protecionista como panaceia para todos os males. Como se o bem fosse representado por nós, o mal por eles.

Num primeiro momento, a Europa transformou-se numa mera abstração. O francês Emmanuel Macron foi o único líder a clamar por uma ação conjunta. Inicialmente sem sucesso. No momento em que anunciava em rede nacional as primeiras medidas de luta contra o coronavírus, alertando para a necessidade de uma concertação europeia, seis países do centro do continente decidiam fechar unilateralmente as suas fronteiras. Passamos do espaço Schengen, de livre circulação, ao bloqueio isolacionista sem qualquer consulta política nem aviso prévio. Não se trata aqui de dizer qual opção estava certa ou errada, mas de se tentar encontrar, juntos, a melhor solução para todos.

A ideia de que o vírus se espalhou com incrível rapidez por vivermos uma globalização sem fronteiras é falsa, como se as pandemias de outrora respeitassem o mapa. O acelerador do fenômeno foi a facilidade de mobilidade.

De qualquer maneira, há de se constatar que a máquina da globalização emperrou. Definitiva ou temporariamente?

O autor e colunista norte-americano Zachary Karabell, num artigo do *The Wall Street Journal*, mostra-se convencido de que o fechamento das fronteiras, reclamado de longa data pelos nacionalistas, é uma ilusão. Longe de assinar a morte da globalização, a crise sanitária marcaria a abertura de uma segunda fase. Prova disso, segundo ele, é a corrida internacional para a descoberta de um tratamento eficaz, graças à cooperação transnacional, tida como "a melhor vacina contra uma futura pandemia".

"A globalização morreu. Viva a globalização!", concluiu Karabell.

A capacidade das instituições internacionais em regular a globalização foi comprometida exatamente no momento em que ela seria mais útil. Nos anos 1980, 1990, 2000, houve uma aceleração dos movimentos transfronteiriços de bens comerciais, meios financeiros e indivíduos. O fluxo de bens, serviços e pessoas provocou uma redução da pobreza mundial extremamente rápida. Dois bilhões de pessoas saíram da miséria.

Mas as instituições internacionais não puderam ou não souberam administrar os riscos gerados pela globalização. O campo de ação da Organização das Nações Unidas (ONU) não evoluiu. O mundo continua a ser governado por nações divididas, muito embora os desafios sejam mundiais. Quanto mais conectados, maior a interdependência. A crise financeira de 2008 jogou populações inteiras nos braços dos populistas da pior espécie. E os organismos internacionais, sem recursos nem autoridade suficientes, foram incapazes de enfrentar com sucesso os riscos sistêmicos crescentes e cada dia mais perigosos.

As democracias vão resistir aos estragos do coronavírus? Elas também foram infectadas. Com o mundo bloqueado pelo medo ainda convalescente da crise financeira de 2008, a Europa foi incapaz de dar uma resposta concertada às consequências econômicas, sanitárias e sociais da pandemia. Quando o vírus surgiu na Itália, o bloco foi quase inexistente, limitando-se a disponibilizar 65 bilhões de euros e fechar as suas fronteiras externas. Pouco e tarde, mesmo se depois Bruxelas suspendeu a regra que impunha um teto de 3% de déficit orçamentário e adotou um plano de investimentos pós-pandemia de 750 bilhões de euros, por volta de 4,5 trilhões de reais, sob a impulsão do casal franco-germânico. A União Europeia mostrou que está viva e que os seus membros precisam uns dos outros para superar a dureza dos próximos muitos anos. Mas, há sempre um mas, dois países governados por populistas de ultradireita - Hungria e Polônia - rejeitaram o pacote financeiro, alegando o pretexto de que havia uma cláusula de condicionalidade inaceitável: o respeito do Estado de Direito.

O coronavírus, como um *tsunami* em câmara lenta, entrou na casa de todos sem pedir licença e deixou às claras as outras crises: climática, dos refugiados, das desigualdades sociais, a ascensão da extrema direita.

"Um vírus invisível tornou visíveis as nossas verdadeiras forças e fraquezas", escreveu Dan Zak no *The Washington Post*. "Expôs as falhas dos nossos sistemas, a sinceridade das nossas relações, as formas como trabalhamos juntos ou não. [...] Quanto mais nos afastarmos dos outros, mais precisaremos deles."

O mundo é cada vez mais igual, com cada qual isolado. Como disse o jornalista Vicente Jorge Silva, "o sentimento de um repórter americano não poderia ser mais idêntico ao de um repórter português: estamos todos no mesmo barco, apesar de fechados cada qual na sua concha, de Lisboa a Seattle, Nova Iorque, Madrid, Milão, Pequim, Brasília".

Uma crise é sempre reveladora das nossas fragilidades e das nossas capacidades. Não devemos esquecer que o medo quase nunca é bom conselheiro.

Entrevistado por um repórter do *The Washington Post*, Chase Burns, que se isolara em casa, em Seattle, depois de uma crise de febre, interrompeu a quarentena para ir a uma livraria à procura de *A peste*, de Albert Camus, que voltou a ser um *best-seller*. O livro é profético sobre a situação que vivemos, apesar de sua ação se desenrolar nos anos 1940, na cidade argelina de Orã.

Acometido de uma crise de tosse na livraria, Burns suscitou a agressividade de outros visitantes, o que o levou a sair para ir embora para casa. No momento da entrevista, ainda não sabia se tinha sido infectado pelo coronavírus, pois "como muitos americanos não conseguiu fazer o teste". O repórter constatou: "Os hospitais não estão preparados. As escolas não estão preparadas. A economia não está preparada. Pobres e velhos não estão preparados. Pais não estão preparados para cuidar dos filhos sem escola e estes não estão preparados para os pais trabalhando em casa."

Em outras palavras, tal como Camus descreveu em *A peste*, "O mundo é cada vez mais igual, com cada qual isolado na sua bolha, mas intuindo que, amanhã, nada mais será como antes."

Como ficará o mundo governado por Xi Jinping, Orbán, Jair Bolsonaro, Vladimir Putin quando a poeira da pandemia assentar?

Não há na memória viva nada similar à crise sanitária que vivemos. Seria um desperdício não tirar os devidos ensinamentos. Esta é a última oportunidade para a nossa geração, do Maio de 68, consertar parte dos estragos que fez antes de passar o bastão. Mas que não se esperem milagres.

"Onde houver soberania popular, ou seja, democracia, há uma réstia de esperança de que algo mude para melhor. Mas profetizar um admirável mundo novo de justiça e humanidade é uma utopia como tantas outras que se esboçaram em tempos de crise como a que hoje vivemos", escreveu o editorialista do *Público*, de Lisboa, Manuel Carvalho.

O primeiro ensinamento é que a desigualdade mata. Apesar de estarmos todos no "mesmo barco", a verdade é que o barco de uns é um iate, enquanto o barco de outros é uma jangada. Uns viveram o isolamento em condomínios de luxo, cada qual no seu quarto, recebendo mantimentos em casa, enquanto outros apinharam-se em apartamentos minúsculos, outros ainda em um cômodo de terra batida e telhado de zinco, em favelas sem água nem esgoto.

Espantoso é constatar que depois de tantas calamidades, estatísticas aterradoras e uma quantidade sem fim de promessas, ainda discutamos questões básicas. É no mínimo surreal para uma humanidade que se queria civilizada.

Em países onde prevalece um ideal de sociedade baseado em valores individualistas, como Estados Unidos e Brasil, em que a saúde e a proteção da população se garantem com seguros privados, a covid-19 escancarou a necessidade de um Estado Social robusto e abrangente. O liberalismo econômico falhou, o mercado falhou, a acumulação capitalista e o consumo desenfreado falharam.

A hora de redefinir prioridades soou. O coronavírus mostrou quão ridículo é passar a noite em uma fila quilométrica para ser um dos primeiros a comprar o último modelo do iPhone com mil e uma inovações tecnológicas inacessíveis ao homem mediano.

Por outro lado, esta crise evidenciou que a precariedade e exploração trabalhista, a instabilidade, insegurança e flexibilidade no mundo do trabalho são a norma e não a exceção como deveriam ser.

No centro dessas questões está o eterno 1% contra 99%. E, no entanto, a ameaça da morte não poupou ninguém: ricos e pobres. Embora tenham morrido muito mais habitantes negros do Complexo do Alemão que brancos com seguro médico e direito ao Einstein e Sírio-Libanês. No entanto, não deixa de ser irônico ver o impacto que o vírus teve nos cruzeiros paradisíacos, nem que um dos primeiros casos de morte em Portugal tenha sido o do presidente de um dos maiores bancos do país.

Nesses tempos de incredulidade e incerteza, sentimo-nos impotentes... como nunca.

Mas uma vez passada a crise, teremos a oportunidade única de questionar os resultados da arrogância, do cinismo e da ganância, de construir uma sociedade em que o homem esteja no centro das preocupações. Seremos capazes?

Será que o vírus colocará de joelhos o atual modelo de negócios da globalização, do mesmo modo que a peste negra dizimou um quarto da população ocidental no século XIV e pôs fim ao dinamismo social da baixa Idade Média?

Manuel Loff, professor de História Contemporânea da Universidade do Porto, é cético: "Se ficou evidente que a crise da vertente positiva da globalização acelerou, duvido que a universalização financeira e das trocas comerciais venham também a ser postas em causa, ao menos com um carácter duradouro."

Para Loff, o que engripou foi a parte positiva da globalização: sermos livres para nos mover em todo o planeta, entrarmos em contato uns com os outros, conhecermos uns aos outros. "O anátema do estrangeiro que nos traz a peste foi lançado."

Na prática, a tradução desse recuo é a desaceleração do turismo, o confinamento doméstico, o teletrabalho (*home office*) ou ainda o fechamento das fronteiras entre os países e sobretudo aos refugiados. O cenário é propício à reedição potencializada da crise de 2008, marcada pela fragmentação política, a pulverização dos sistemas partidários e a ingovernabilidade.

A constatação é do politólogo francês Dominique Moïsi, numa entrevista ao jornal espanhol *El País*: "A pandemia chegou num momento em que já púnhamos em causa a globalização. O vírus confirmou que a globalização feliz era uma ilusão, ia durar poucos anos e que acabaríamos por nos confrontar com a globalização infeliz."

É cada vez maior o número de especialistas que apontam o neoliberalismo como explicação para o despreparo global no enfrentamento da pandemia. O neoliberalismo reforçou a ideia de que era preciso libertar as forças do mercado, flexibilizar o mundo do trabalho, colocar um basta no Estado de Bem-Estar Social, em nome da eficiência e da redução dos custos. Conclusão: os serviços básicos de saúde, prioritários no Estado Providência, na social-democracia, estavam desaparelhados para enfrentar a crise. Nem máscaras tinham os hospitais, geridos por administradores de empresas e engenheiros sem formação médica e em geral insensíveis às questões de saúde pública.

No final de *A peste*, o médico, personagem central do livro de Albert Camus, alerta, em plena festa de comemoração da vitória sobre a epidemia, que outras virão e diz sobre a necessidade de se estar preparado. Ele conclui: "há nos homens mais coisas a admirar do que a desprezar". Hoje, quando vemos a abnegação de tantos no combate à pandemia, e que no meio do medo se erguem vozes em defesa dos refugiados, das minorias discriminadas, da preservação do meio ambiente, podemos dizer que aí está - ou ao menos deveria estar - o futuro.

No século XX, os grandes cenários apocalípticos eram os da guerra. Depois do segundo conflito mundial, o cinema encheu as salas com o terror da hecatombe do inverno nuclear (vide *O dia seguinte*; diretor: Nicholas Meyer).

A inquietação com um mundo que pode, num abrir e fechar de olhos, ser hostil, incapaz de garantir os direitos fundamentais, incluindo a saúde, é a grande angústia do século XXI.

Hoje, os cenários apocalípticos já não são os da ficção científica, mas os que acompanhamos pelas redes sociais ao vivo, com uma carga gigantesca de sensacionalismo: tragédias humanitárias, catástrofes naturais, cataclismos ambientais e pandemias.

Na altura em que os cidadãos e os seus governos (sérios) tentam combater os efeitos da pandemia, em que a nossa atenção se concentra nas medidas sanitárias e econômicas, seria salutar pensarmos também no que serão as democracias para além da crise. Como fez Camus, ao usar a epidemia como pretexto para abordar as questões sociais, políticas e morais do seu tempo. Em *A peste*, a doença é tratada como uma alegoria da ocupação alemã e a Medicina como uma metáfora da Resistência.

Se o mundo se autodestruir não será porque o coronavírus provocou uma nova crise financeira, mas porque o homem perdeu seus valores fundamentais: solidariedade e fraternidade.

Como diz Yuval Harari, nossa vantagem sobre o vírus é que somos capazes de cooperar para encontrar soluções. O vírus não. Somos muito mais fortes que ele e vamos vencê-lo. Tenho medo, isso sim, dos demônios internos da humanidade.

Decisiva no futuro será a nossa capacidade de preservar o humanismo, como fez o Doutor Rieux, na Argélia de *A peste*.

UM VÍRUS ANTIDEMOCRÁTICO

A pandemia, disseram, serviu para mostrar que somos todos iguais, afinal todos podiam ser infectados - ricos e pobres, brancos e pretos, héteros e homos - e nenhum país, por mais poderoso que fosse, mostrou-se capaz de impedir a entrada do vírus. Chegou-se até a falar em um vírus "democrático". No entanto, ficou evidente que a pandemia atacou de maneira muito mais brutal e numerosa os pobres, acentuando as desigualdades que já eram gritantes.

Vários estudos foram realizados e os indicadores apontam nesta direção: os menos privilegiados ficaram mais expostos ao vírus. Isso sem falar da situação financeira pós-pandêmica, que penaliza os mais pobres e agrava o nível de desigualdade antes existente. A crise sanitária favoreceu os abastados, que conseguiram a mágica de multiplicar suas fortunas em pleno confinamento, enquanto outros só sobreviveram graças aos auxílios emergenciais.

A pandemia abalou mercados no mundo todo e gerou dificuldades para muitas empresas. Mas também gerou riqueza para algumas companhias e seus acionistas. São empresas focadas em tecnologia, cujos serviços se tornaram mais importantes em um contexto de isolamento social.

A valorização dessas firmas, em dólar, acrescentou alguns zeros aos bilhões dos já multimilionários. Foi o caso, por exemplo, de Eric Yuan, CEO da plataforma de teleconferência Zoom, cuja ação subiu 145% na bolsa de valores Nasdaq nos cinco primeiros meses de 2020. Outro bilionário que ganhou muito dinheiro nesse período foi o fundador do Facebook, Mark Zuckerberg.

Até junho, ele ganhou 9,7 bilhões com a valorização do Facebook e chegou ao terceiro lugar no ranking da Bloomberg, com uma fortuna maior que a do megainvestidor Warren Buffett.

O empresário Goh Cheng Liang, de Cingapura, fundador da Wuthelam Holdings, fabricante de tintas e revestimentos, ganhou até o meio do ano 5,3 bilhões de dólares.

Jeff Bezos, fundador da Amazon, 31,3 bilhões, e MacKenzie Bezos, sua ex-mulher e uma das maiores acionistas da Amazon, 10,9 bilhões.

Colin Huang, CEO da Pinduoduo, empresa de *e-commerce* da China, 14 bilhões de dólares.

Elon Musk, fundador da Tesla e da SpaceX, somou mais de 12 ao seu polpudo patrimônio de 40,4 bilhões.

Os dados são do site *Business Insider*.

Um outro estudo realizado nos Estados Unidos pelo Centro Furman, da Universidade de Nova York, contabilizou o número de casos de covid-19 em cada um dos bairros de Nova York e chegou à seguinte conclusão: os bairros com maior porcentagem de casos foram aqueles em que a renda média era mais baixa, onde a maioria da população é negra e hispânica, onde os residentes têm menos possibilidade de trabalhar a partir de casa e de ter um bom acesso à internet, dependendo mais dos transportes públicos para se deslocar.

Em contrapartida, nas regiões mais ricas, como Manhattan, o número de casos foi bem menor e o de mortes quase inexistente.

No Reino Unido, economistas também analisaram a distribuição geográfica das mortes relacionadas com o coronavírus e chegaram à conclusão semelhante.

Em Portugal idem, um estudo realizado pela Escola Nacional de Saúde Pública concluiu que as cidades com maiores taxas de desemprego e desigualdades de renda foram as que tiveram mais casos de covid-19.

Além desta maior exposição à doença, está claro que as populações mais pobres são as mais penalizadas pela crise econômica, associada à crise sanitária.

Essa, aliás, é uma característica que se registrou também em pandemias passadas. O óbvio se repete. Três economistas do Fundo Monetário Internacional (FMI) estudaram os efeitos das pandemias das últimas duas décadas e chegaram à conclusão de que as pessoas com rendimentos mais baixos foram as mais atingidas, o que provocou um agravamento da desigualdade durante os cinco anos seguintes.

Agora, embora ainda estejamos vivendo as consequências da pandemia de covid-19, há sinais claros de que o mesmo esteja ocorrendo.

Segundo Carlos Farinha Rodrigues, professor do Instituto Superior de Economia e Gestão de Lisboa, especializado em questões de desigualdade econômica e social, uma das causas para este agravamento da desigualdade está nas diferenças do impacto sentido pelos trabalhadores do setor formal e pelos trabalhadores do setor informal da economia. Ou seja, aqueles com vínculos de trabalho mais precários (40% da força de trabalho total no Brasil) foram os que mais sofreram; foram os primeiros a perder os seus rendimentos, sendo que muitos não puderam ascender imediatamente às ajudas emergenciais.

De acordo com a quarta edição do *Atlas do desenvolvimento humano* do Programa das Nações Unidas para o Desenvolvimento, publicado em setembro de 2020, o Brasil é o segundo país com maior desigualdade de renda do mundo, atrás apenas de Botsuana.

Em 2017, os 10% mais ricos no Brasil tinham uma renda *per capita* 17 vezes maior do que os 40% mais pobres. O que levou Betina Barbosa, economista do PNUD, a comentar: "O perfil da desigualdade brasileira é de uma sociedade que se formou na escravidão."

Os dados mostram também a disparidade salarial entre homens e mulheres. Embora 16% das mulheres tenham ensino superior e os homens sejam 12%, em média, elas ganham 15% menos. Nos estados do Sul e Sudeste a desigualdade é ainda maior.

Em relação à cor da pele, as diferenças são ainda mais expressivas. Apenas 6% dos brancos são analfabetos, enquanto entre os negros, quase o dobro: 11%. Os rendimentos médios dos negros são 42% menores que os dos brancos.

"A pandemia não criou a desigualdade socioeconômica, a desigualdade educacional, nem nenhuma de nossas mazelas, mas ela está aprofundando a grande maioria dos desequilíbrios ou, senão, todos eles", disse a deputada federal Tabata Amaral, do PDT, que não pode ser acusada de esquerdismo.

Nesta crise, a questão das desigualdades é ainda mais relevante que na anterior, de 2013, quando o setor informal serviu de válvula de escape. Hoje, com o aumento brutal do número de trabalhadores informais pré-pandemia, o setor bloqueou. Daí a necessidade de se multiplicar medidas emergenciais e, paralelamente, se pensar nas reformas estruturais necessárias para um processo de "recuperação inclusiva".

As crises devem ser um incentivo para a realização das reformas tantas vezes adiadas em nome do neoliberalismo cego.

Ao mesmo tempo que os mais pobres foram especialmente penalizados, há também razões para pensar que um outro segmento da população, o da classe média alta, pode conseguir escapar de perdas significativas.

É verdade que há milionários que perderam muito dinheiro com esta crise - por exemplo, os donos de companhias aéreas ou petrolíferas -, mas como vimos, uma rápida olhadela em direção às bolsas de valores mostra que as perdas dos detentores de capital da maior parte das empresas podem ser, como, aliás, aconteceu nas crises anteriores, rapidamente revertidas.

O índice Dow Jones da Bolsa de Nova York, após uma queda de 35% do seu valor entre o final de fevereiro e o final de março de 2019, registrou um aumento de 31% em abril, apesar das economias em queda e do crescimento acelerado do desemprego pós-pandemia. Nenhum país rico ousou reduzir a distribuição de dividendos e muito menos taxá-los. Nenhum.

Esta capacidade de recuperação do valor das empresas se explica pelos efeitos da política monetária durante a crise. Na zona euro, nos EUA, no Japão e no Reino Unido, os bancos centrais foram os primeiros a injetar estímulos e liquidez nas economias através da aquisição maciça de ativos financeiros, títulos da dívida dos Estados, obrigações empresariais ou papel comercial emitido pelas empresas.

Consequência: o preço dos ativos financeiros, detidos é claro pelos mais ricos, subiu.

A conclusão a que se chega é de que a desigualdade aumenta no pós-pandemia, com os ricos ainda mais ricos e com os pobres virando miseráveis.

De acordo com o Banco Mundial, o coronavírus jogou, no ano de 2020, 60 milhões de pessoas na situação de pobreza extrema (menos de um dólar por dia de rendimento), invertendo a tendência de diminuição da miséria nas últimas décadas.

Frente a essa situação, os economistas Emmanuel Saez, Camille Landais e Gabriel Zucman lançaram uma proposta de criação, em escala europeia e em caráter temporário, de um imposto sobre a fortuna dos 1% mais ricos. Os autores estimam que essa parte da população detém 22,5% do total da riqueza europeia e que a cobrança durante 10 anos de uma pequena taxa adicional seria suficiente para financiar um plano de recuperação econômica equivalente a 10% do PIB europeu. Isto é, mais do dobro do plano de 750 bilhões de euros propostos por Alemanha e França.

Na mesma linha, o economista francês Thomas Piketty, numa crônica publicada no jornal *Le Monde*, considerou que a urgência é criar uma fiscalidade justa, com o aumento da contribuição dos mais ricos e das grandes empresas, tanto quanto for necessário.

Num trabalho conjunto, Joseph Stiglitz e Piketty defenderam a criação de um imposto mundial sobre as empresas, taxas progressivas sobre os serviços digitais, transparência da riqueza *offshore*. Acreditam que assim esta pandemia possa ajudar, como outras no passado, a reduzir as desigualdades. Lembram, porém, que a palavra final é dos políticos.

PIKETTY: A CRISE EMPURRA O MUNDO PARA O SOCIAL

Em meio à pandemia e à maior crise econômica desde 1929, o economista francês Thomas Piketty, professor da Escola de Economia de Paris e da Escola de Altos Estudos em Ciências Sociais, surpreende. De volta com um novo livro, *Capital e ideologia*, navega contra a corrente em mil páginas e mostra-se relativamente otimista: "O mundo vai para o lado dos que se preocupam com a questão da desigualdade."

Piketty aprofunda sua análise sobre a "ideologia dominante", segundo ele "um conjunto de regras legais adotado internacionalmente que mantém a desigualdade de renda elevada em todo o mundo". Muito embora reconheça a complexidade do tema e de sua difícil solução, ele vê fissuras nesse mecanismo que nos levou à situação atual.

> É verdade que houve um aumento da desigualdade nas décadas recentes, mas se compararmos o cenário atual ao de cem anos atrás, ou com o século 19, a desigualdade é bem menor. Na maioria dos países, ela diminuiu. Há uma evolução de longo prazo que vai na boa direção e creio que essa tendência pode continuar.

Esta é a razão do relativo otimismo do economista, que em seu livro anterior – *O capital do século XXI* – advertia para a necessidade de tornar o sistema mais igualitário e sustentável, sob pena de ver o populismo de extrema direita destruir a "globalização hipercapitalista e digital".

Infelizmente, o Brasil é apontado por Piketty como um país onde a desigualdade é superior até à da Europa do século XIX ou do início do século XX. "A pandemia nos ajuda a compreender que precisamos de um sistema econômico mais equilibrado, justo e sustentável... Creio que estejamos em um momento de bifurcação."

No contexto atual, o midiático economista acredita que precisamos pensar em soluções mais globais para questões como a desigualdade. "Há alguns sinais de que a crise atual possa nos levar nessa direção, como na Europa, onde os países-membros poderão vir a decidir de forma conjunta um plano de recuperação e o que fazer com o endividamento."

"Essa é uma grande novidade, pois até agora a Europa caminhou quase que exclusivamente na direção de uma área do livre comércio e circulação de capitais, com pouco espaço para um sistema de tributação comum."

O certo, no entanto, é que o primeiro impacto do coronavírus será o de um aumento da desigualdade entre os países e dentro deles também. Os ricos provavelmente ficarão até mais obcecados com eles mesmos, sem se preocupar realmente com o que está acontecendo em outras regiões, com outras pessoas.

É bom lembrar que muitos países mais pobres não têm sistemas de proteção social nem de renda básica, pelo que serão afetados de uma forma ainda mais impactante.

É o que acontece em países como o Brasil, que tem a segunda maior concentração de renda do mundo, perdendo apenas para o Catar.

A grande pergunta que Piketty coloca é se esse cenário será ou não um incentivo para que os governos acelerem a criação de algum tipo de rede de proteção:

> A grande dificuldade é que a ideologia dominante no mundo torna ainda muito difícil a países como Brasil ou Índia, por exemplo, adotarem sistemas de taxação mais progressiva, que os torne menos desiguais e possibilite financiar políticas sociais.
>
> Com o fluxo internacional de capitais que temos no mundo hoje, sem uma taxação comum entre os países e com a atual opacidade completa, fica muito difícil para os países pobres aumentarem os impostos sobre os ricos. Conclusão: eles acabam recaindo sobre os mais pobres e as classes médias.

É evidente que as classes médias e os mais pobres não estão satisfeitos com as condições que a globalização tem imposto ao mundo e com o funcionamento do sistema econômico.

"Creio", conclui o economista, "que a crise está empurrando o mundo mais para o lado dos que estão preocupados com a questão social e com a distribuição de renda."

SOCIALISMO EMERGENCIAL

"Provavelmente um dos efeitos mais perversos e duradouros da pandemia vai ser o impacto profundamente negativo nos direitos e liberdades fundamentais do cidadão. O clima de medo instalado na sociedade favorece tais abusos políticos. Com a finalidade de preservar a saúde pública, vemos hoje um pouco por todo o mundo que os governos usam – e abusam – de medidas dos mais diversos tipos restritivas dos direitos e liberdades fundamentais."

José Pedro Teixeira Fernandes,
professor da Universidade Nova de Lisboa

Considerado o mais original filósofo contemporâneo, o esloveno Slavoj Žižek, autor de *Em defesa das causas perdidas* e do ensaio *Pandemic*, define a pandemia como um "golpe à la Kill Bill no capitalismo". Para ele, o novo coronavírus sinaliza a necessidade de uma mudança radical, de uma reorganização da economia global, que não se submeta aos mecanismos do mercado, de um "socialismo de emergência".

Inspirado em Marx, Hegel e Lacan, o filósofo de Liubliana acredita que a emergência não trará novos totalitarismos, e sim que os laços da comunidade serão fortalecidos, à condição que sejamos capazes de reconstruir a confiança nas instituições. "O que acontece mostra que cabe a nós, aos cidadãos, sujeitar a maior controle aqueles que nos governam e não o contrário."

Um novo senso de comunidade estaria emergindo dessa crise. Uma espécie de novo pensamento "comunista", distante do comunismo histórico, segundo Žižek, para quem a banal descoberta de que coordenação e cooperação globais são necessárias para combater o vírus tem um viés revolucionário. "Estamos redescobrindo o quanto precisamos uns dos outros."

Em uma entrevista ao jornal romano *La Repubblica*, Slavoj Žižek explicou o que entende por um novo comunismo:

> Alguém disse que, no meio dessa crise, deveríamos nos preocupar apenas com a nossa salvação. Penso o contrário: não há momento mais político do que o atual. Vivemos um imperativo paradoxal: demonstramos solidariedade ao manter distância, ao não nos aproximarmos uns dos outros. Nunca fui um otimista, mas esse respeito pressupõe uma mudança profunda de comportamento que, espero, sobreviverá à crise. O custo psicológico é e será tremendo. É claro que o isolamento cria novas formas de paranoia: demonstram isso as inúmeras teorias da conspiração nas redes sociais. Mas, repito, estaremos mais conscientes do que significa estar perto dos outros, para o melhor ou para o pior. Reencontrar-se plenamente será uma alegria. Mas seremos mais cuidadosos.

Outra coisa: esta situação tornou bem visíveis as diferenças sociais. Penso no egoísmo dos super-ricos fechados em seus *bunkers* ou em seus iates. Madonna postou um vídeo na banheira dizendo que estamos todos no mesmo barco. Não é verdade e as pessoas veem a situação. Os novos heróis são as pessoas comuns.

Apesar das advertências dos cientistas, os governos se descobriram despreparados. Agora somos forçados a enfrentar o pior, não há mais espaço para o "*America First*" e *slogans* do gênero. Para sobreviver, os Estados terão de lidar continuamente com o futuro. Precisamos de um novo sistema de saúde pública global e agências internacionais aptas a agir em ações acordadas; precisamos de salários mínimos garantidos, pagos por todos. Minha ideia de comunismo não é o sonho de um intelectual: estamos descobrindo na nossa própria pele por que certas medidas devem ser tomadas no interesse geral. Não subestimemos o impulso que o vírus está dando a novos sistemas de solidariedade em nível local e global. Construir um novo modo de viver será o nosso teste. Mas as pessoas precisam assumir o controle já e não esperar o fim da crise.

Pensadores e analistas políticos não são tão assertivos quanto Slavoj Žižek. Pedro Adão e Silva, por exemplo, se diz convencido de que a pandemia vai trazer à tona o "ressentimento profundo" de que se alimenta o populismo ultranacionalista, veiculado através das redes sociais, terreno fértil para a propagação da ideia de que as instituições - Estado, governos, meios de comunicação social tradicionais - não nos contam a verdade, veiculam mensagens falsas atribuídas a fontes fidedignas. São elas, portanto, o espaço perfeito para a desconfiança, a mágoa e a clivagem entre o "nós" e o "eles".

Na primeira fase da crise, vimos uma grande mobilização social e uma certa convergência política quanto à importância de se adotar respostas comuns; o segundo tempo foi marcado

> pelas críticas aos erros e pelas denúncias de incompetência da parte de quem tinha a responsabilidade de administrar a crise; na terceira fase, se apontaram os responsáveis por aquilo que aconteceu na economia e na sociedade.

Agora chegou a hora de se tirar as lições, sabendo que a força da inércia é imensa.

Mais de quinhentas personalidades e ONGs publicaram, em 25 de junho de 2020, nos principais jornais do mundo uma carta aberta advertindo contra a ameaça representada por certos governos durante a crise sanitária, com vistas a comprometer a democracia. Dentre elas, o prêmio Nobel de Literatura Svetlana Alexievitch, o ator Richard Gere, a ex-secretária de Estado Madeleine Albright, o prêmio Nobel da Paz Lech Walesa, por iniciativa do Instituto Internacional para a democracia e a assistência eleitoral de Estocolmo.

Nessa carta, sem citar nomes, foram denunciados os regimes autoritários que aproveitaram a pandemia para calar suas populações. Lia-se: "A democracia está em perigo [...]. A liberdade, a saúde e a dignidade das pessoas estão em risco."

Na China, a capacidade de controle social de Xi Jinping chegou ao ponto de o aparelho estatal poder medir a temperatura dos distribuidores de comida a cada duas horas. Nas embalagens dos alimentos constaram os valores da temperatura de quem confeccionou a refeição, bem como o seu contato telefônico. Os passos de cada cidadão passaram a ser controlados 24 horas por dia por um aplicativo instalado no celular. Em contrapartida, cada cidadão teve garantidas cinco máscaras gratuitas por semana.

A pandemia tem servido para justificar e legitimar medidas de controle e de regulação das populações até então impensáveis, inclusive nas sociedades democráticas ocidentais. A tentação do autoritarismo foi muito forte e onipresente.

Não surpreende o fato de a China utilizar maciçamente as novas tecnologias para fins de controle social, por considerá-las o meio mais eficaz para enfrentar a crise sanitária e não se preocupar com a questão das liberdades individuais.

Muitos pensam que a pandemia favorecerá, naturalmente, os regimes autoritários e o capitalismo de Estado, com mecanismos de vigilância e controle dos indivíduos e da sociedade como um todo, tomando por exemplo a China.

Ao contrário daqueles que imaginavam que o capitalismo acabaria libertando as amarras políticas, Pequim vive um momento de personalização do poder como nunca desde Mao Tsé-tung. A ditadura nunca foi tão dura. Nunca houve uma tal concentração do poder e um tal nível de controle do povo. Todo cidadão, em cada ato de sua vida, recebe uma nota do poder central, conforme o seu comportamento. O resultado determina os seus direitos e obrigações.

Xi Jinping é secretário-geral do Partido Comunista e presidente da Comissão Militar Central desde novembro de 2012, presidente da República Popular da China desde 14 de março de 2013, reeleito em 2018. Graças à mudança da Constituição, poderá permanecer na presidência até morrer.

O desafio que se coloca ao Ocidente consiste em demonstrar que o sucesso de Pequim no combate à pandemia pode ser obtido de maneira transparente e democrática. "A China", escreve o sociólogo Benjamin Bratton, "implementou medidas de vigilância que os europeus e americanos provavelmente não tolerariam."

Em Israel, o populista de direita Bibi Netanyahu imitou Jinping, apelou para a tecnologia celular a fim de vigiar os cidadãos dia e noite e saltou sobre a ocasião para fortalecer sua posição política, fragilizada pela "derrota" eleitoral.

Na Hungria, Viktor Orbán aproveitou para impor um estado de emergência permanente, "politicamente perigoso e moralmente inaceitável", nas palavras de Donald Tusk, ex-presidente do Conselho Europeu. Líderes de 13 países – Alemanha, França, Espanha, Itália, Portugal, Holanda, Bélgica,

Dinamarca, Finlândia, Suécia, Irlanda, Grécia e Luxemburgo – assinaram uma declaração que não cita nominalmente a Hungria, mas que se refere claramente ao país ao condenar o uso de medidas de emergência para restringir a liberdade de imprensa e de opinião.

A lei aprovada por Budapeste prevê prisão de até cinco anos para quem divulgar informação que "dificulte o combate à pandemia do coronavírus". Para a mídia independente do país, o objetivo de Viktor Orbán é claro: amordaçar os raros órgãos de imprensa que ainda ousam resistir ao governo autoritário.

Na mesma noite em que a lei impondo estado de emergência foi aprovada, o governo encaminhou 15 decretos, nenhum relacionado ao coronavírus, segundo o *Hungarian Spectrum*, site independente fundado pela professora de História da Europa Oriental de Yale, Eva Balogh.

Entre as normas baixadas está a que proíbe a mudança de sexo, a que equipara os homossexuais aos pedófilos, a que determina que a construção de museus ficará doravante à custa da municipalidade de Budapeste, derradeiro bastião da oposição.

O Fidesz, partido de Orbán, está suspenso desde 2018 do bloco de centro-direita do Parlamento Europeu, por criticar a existência da União Europeia e ameaçar a democracia.

Para Orbán, como para os demais líderes da *alt-right* mundial, o fato de terem sido eleitos lhes dá o direito de colocar em prática a política que bem entendem, sem levar em consideração o outro componente fundamental da democracia que é o Estado de Direito, que inclui os direitos humanos, o respeito à Constituição.

O ultranacionalista húngaro é visto por Jair Bolsonaro como um aliado ideológico. Antes da disseminação do coronavírus, o brasileiro planejava uma viagem oficial à Hungria em 2020.

No ano anterior, Eduardo Bolsonaro, conhecido como filho 03, se reuniu com o premiê húngaro na Europa.

Neste cenário, há quem questione se, no final das contas, uma ditadura não estará mais bem preparada para conter a ameaça representada por um vírus, mesmo que em sacrifício das liberdades fundamentais. Afinal, questionam: de que vale a liberdade? Argumentam: ninguém sabe o que fazer com essa tal liberdade.

Em contrapartida, a chanceler alemã Angela Merkel destacou publicamente a importância da liberdade de imprensa - e de uma imprensa crítica - para o funcionamento da democracia, especialmente quando o mundo enfrenta uma pandemia.

"Os jornalistas devem poder ter um olhar crítico sobre o governo e todos os atores políticos", disse a chefe do governo alemão, salientando que uma democracia "precisa de fatos e informação, precisa ser capaz de distinguir a verdade da mentira". A chanceler também salientou a necessidade de uma "esfera pública em que se possa argumentar e expressar diferentes opiniões, a fim de desenvolver soluções conjuntas para problemas".

Ela afirmou que ser capaz de observar a realidade a partir de diferentes perspectivas e de formar opiniões com base nelas é crucial em tempos de crise. "Especialmente nesse contexto, informação bem apurada é de grande importância para todos nós... O estado da liberdade de imprensa serve como um indicador do estado da nossa democracia como um todo."

Merkel condenou os ataques de neonazistas a jornalistas durante protestos contra as medidas de isolamento e distanciamento social na Alemanha. Bolsonaro, ao contrário, aproveitou-se da pandemia para atacar a imprensa, ameaçando até encher a boca de um jornalista de porrada, depois de tê-lo chamado de safado.

O capitão, seus filhos 01, 02 e 03, ministros e assessores protagonizaram 449 ataques contra a imprensa desde janeiro de 2019, quando começou o mandato. Os dados foram apresentados pela ONG de direitos humanos Artigo 19 ao Conselho de Direitos Humanos da ONU.

Em seu discurso, a organização de proteção à liberdade de imprensa, cujo nome tem origem no artigo 19 da Declaração Universal dos Direitos Humanos ("Todo indivíduo tem direito à liberdade de opinião e de expressão"), denunciou o Brasil, ao lado de México, Bangladesh e Camboja.

De acordo com os dados apresentados pela ONG, 102 dos 449 ataques registrados desde a posse de Bolsonaro partiram do próprio presidente da República. Outros 50% foram de autoria de seus filhos.

DEMOCRACIA X NAZISMO

Manuel Loff acredita que as democracias correm sério risco de saírem fragilizadas desta pandemia. Lembrou:

> Durante a 2ª Guerra Mundial, já se colocava a questão, mesmo nas democracias que se opunham ao nazismo, de saber se uma ditadura não seria muito mais eficaz na mobilização dos seus soldados. Em pleno século XXI, volta à superfície um saudosismo do autoritarismo, da tal "voz de comando". Essa crítica nacional-populista ao funcionamento da democracia, que não dispensa uma retórica oportunista de mais participação popular, foi o que levou Bolsonaro ao poder e foi o que fortaleceu Orbán, na Hungria, como Putin, na Rússia.

Ao reavivar medos ancestrais, a covid-19 "reforçou discursos de natureza messiânica e autárcica, que, perante um vírus que vem de fora, defendem o fechamento dos países sobre si mesmos".

Submersas pelo pânico social, as pessoas tornam-se permeáveis à erosão de seus direitos elementares.

Os processos de securitização de áreas da nossa vida, coletiva e individual, como vivemos na pandemia, só têm sucesso quando a sociedade os entende como naturais, aceitando que as regras democráticas deixam de se aplicar temporariamente porque o momento é de exceção. O problema, como nos ensina o filósofo italiano Giorgio Agamben, autor de *Estado de exceção*, é que o mundo vive em permanente estado de exceção desde que os ataques terroristas de 11 de setembro de 2001 serviram de álibi para a suspensão da Declaração Universal dos Direitos do Homem.

OS CORVOS DE ALFRED HITCHCOCK

"O populismo parece democrático ao defender a regra da maioria, mas é visceralmente contra a democracia, ao rejeitar todos os freios e contrapesos do Estado de direito, que garante instituições independentes de proteção dos direitos fundamentais, como a liberdade de expressão e a proteção das minorias. O discurso dos ultradireitistas é discriminatório e autoritário. Eles entram no jogo eleitoral para chegar ao poder e então destruir a democracia."

Cas Mudde, professor da Universidade da Geórgia, especialista em ideologias de extrema direita contemporânea

Os corvos do mestre do suspense saíram das telas para se tornarem realidade na forma de um vírus invisível, que se espalhou pelo mundo sob o feitio simbólico do neofascismo.

Questionado sobre *Os pássaros*, Hitchcock declarou que o tema do filme era o excesso de autossatisfação que se observava no mundo: "as pessoas não têm consciência das catástrofes que nos ameaçam".

Dessa maneira, já nos anos 1960, ele chamava nossa atenção para o descaso da sociedade em relação à natureza, aos desastres provocados por nós mesmos, seres humanos. Sob outra perspectiva, o voo dos pássaros parece simbolizar a liberdade que usamos para atacar uns aos outros. Os animais, assim como o coronavírus, se protegem dos homens com o comportamento próprio de suas espécies, provocando pânico e apontando nossos erros.

Embora sejamos racionais, ao contrário do que se poderia esperar a luta contra a pandemia não teve como corolário uma trégua nos conflitos, armados como político-ideológicos; a ameaça existencial da extrema direita foi mais do que atuante nesse período de quarentena, instigando a violação das liberdades, a negação da ciência, introduzindo a doença do hipernacionalismo e da xenofobia, o ódio do "outro", o complotismo. Tudo alimentado por uma dose cavalar de medo do presente e talvez ainda mais do futuro, projetado nas previsões daquela que poderá vir a ser a maior recessão de todos os tempos, jogando uma parcela considerável da população na miséria.

A pandemia de coronavírus, tal qual os corvos do cineasta, aguçou os instintos de morte dos populistas da direita mundial.

No combate à covid, os governos tentaram canalizar o medo como puderam, impondo medidas de emergência sanitária e econômica, e apelando para a solidariedade e a união. Medidas para garantir os salários, renda mínima para os informais, para os sem-teto e para salvar pequenas e médias empresas foram adotadas.

Foi propagando o medo que renasceu, neste século XXI, a extrema direita europeia. Medo dos muçulmanos e refugiados, do terrorismo, da guerra de civilizações, do pobre, daquele que é diferente.

A crise foi usada por líderes políticos e seus apoiadores no Brasil, nos EUA, na Europa, na Ásia, como instrumento de ataque a alguns dos alvos prediletos dos hiperconservadores: globalismo, imigração, liberdade de circulação, ideologia de gênero.

Essa extrema direita populista, neofascista, sem nenhum escrúpulo nem vergonha, tentou transformar a luta contra a pandemia numa cruzada discriminatória. Matteo Salvini, líder da Liga, na Itália, afirmou que o vírus tinha sido introduzido pelos migrantes africanos. Trump, nos Estados Unidos, e o clã Bolsonaro, no Brasil, acusaram um laboratório chinês, outros denunciaram um complô judaico.

Numa ação inusitada, os líderes populistas abraçaram a teoria segundo a qual a doença era parte de uma conspiração mundial das elites em conluio com multinacionais do setor farmacêutico.

Os dirigentes dessa extrema direita mundial, que formam o que denomino a Internacional da Ignorância, não esperaram para dar o bote. Após terem exacerbado o discurso securitário, passaram a disseminar a ideia de que só a limitação das liberdades protege os cidadãos. Apostam que o medo, uma vez mais, será seu principal aliado.

Os extremistas aproveitaram a crise para avançar seus peões: em primeiro lugar a China, que impôs as medidas de controle individual já citadas, através dos telefones celulares, e multiplicou as câmeras de reconhecimento facial, vigiando cada deslocamento de seus cidadãos e permitindo, assim, ao Partido controlar como nunca a sua população.

Andrzej Duda, na Polônia, e Viktor Orbán, na Hungria, não ficaram muito atrás.

Trump e Bolsonaro negaram a evidência científica. Em declarações e atitudes criminosas, ambos minimizaram a pandemia e o número de mortos para salvar as bolsas de valores, os interesses de seus clãs e, uma vez mais, desconstruir. As plataformas Twitter, Facebook e Instagram suspenderam posts dos presidentes dos Estados Unidos e Brasil por violarem as regras de conduta em período de pandemia. Bolsonaro chegou a ser condenado pela Justiça por desobedecer o confinamento, mas não se emendou. Não deu a menor atenção à decisão judicial. A Justiça, cega, fingiu-se impotente.

Ambos agiram para piorar a situação, pensando na reeleição. Trump perdeu. Ambos foram acusados pela comunidade científica internacional de terem sido responsáveis pela morte de dezenas, talvez centenas de milhares de pessoas, vítimas da covid que menosprezaram.

A questão democrática, antes onipresente, desapareceu do horizonte. À crise sanitária somou-se a crise política, num *milkshake* autocrático. E verdadeiros genocídios foram cometidos.

Na mesma linha, o primeiro-ministro australiano Scott Morrison relutou o quanto pôde em acatar as orientações de isolamento da Organização Mundial da Saúde (OMS) e só anunciou as primeiras medidas restritivas quando o vírus começou a se propagar de forma ultrarrápida, pressionado pela sociedade.

Ao contrário do que aconteceu em grande parte do mundo, contudo, a Austrália conseguiu reduzir rapidamente a curva de contágio da primeira onda graças à desobediência civil dos governadores, que não acataram as ordens do primeiro-ministro.

A pandemia mostrou que, para derrotar o vírus, em democracia é preciso que os cidadãos tenham confiança nas instituições. As medidas de exceção só podem ser transitórias e aplicadas no estrito respeito do Estado de Direito e da liberdade de informação.

Os neofascistas esperam que a crise venha reforçar o nacionalismo, o "salve-se quem puder", que as fronteiras que foram fechadas não voltem a abrir. Gostariam também que se provasse a inutilidade da União Europeia e das organizações internacionais, como a ONU e suas agências. Apostaram suas fichas na construção de muros, físicos e virtuais.

Alguns, como disse, chegaram a negar a pandemia. Teorias do complô se multiplicaram.

"O alarmismo do coronavírus pelo Estado entrará para a história como uma das maiores fraudes para manipular a economia, eliminar o dissenso e empurrar remédios obrigatórios", escreveu Shiva Ayyadurai, cientista americano de origem indiana que tem doutorado em Engenharia Biológica pelo respeitado Massachusetts Institute of Technology (MIT) e é influente em meios hiperconservadores dos EUA.

Famoso por se auto-outorgar a invenção do e-mail no final dos anos 1970, afirmação pouco aceita no meio científico, Ayyadurai vem sendo mencionado como uma grife técnica pela direita norte-americana desde que expôs sua tese em um tuíte, no dia 9 de março.

Ex-assessor do presidente Ronald Reagan e também comentarista conservador, Jeffrey Lord classificou a crise do coronavírus como uma nova estratégia da esquerda americana para desgastar Trump antes da eleição.

"Com a morte da farsa da aliança espúria entre Trump e a Rússia e a farsa do *impeachment*, agora temos a nova farsa do coronavírus", disse Lord, acusando o Partido Democrata de ter "criado" a pandemia para fins eleitorais.

No Brasil, o youtuber Bernardo Küster, um dos principais apoiadores de Jair Bolsonaro nas redes sociais, também citou o cientista Ayyadurai num artigo que escreveu para o jornal on-line *Brasil sem Medo*, de seguidores do "filósofo" Olavo de Carvalho (a quem tive o desprazer de conhecer como um inexpressivo jornalista do Grupo Estado, que ia de mesa em mesa oferecendo-se para fazer o mapa astral dos colegas). Na época, ele se dizia comunista.

"ONU, CNN, Globo, OMS, grandes empresas de vacina e o *establishment* mundial inteiro entoam o mesmo canto da sereia", escreveu Küster. "Nada me tira da cabeça que essa 'forçação' de barra é, em primeiro lugar, um grande experimento psicológico de manipulação em escala global", prosseguiu o youtuber.

Entre a extrema direita europeia, a denúncia do coronavírus ganhou tintas nacionalistas e xenofóbicas, duas ideologias em alta no continente.

Líder do Partido do Brexit e um dos responsáveis pela campanha que retirou o Reino Unido da União Europeia, o racista Nigel Farage comentou que a ideia de um continente sem fronteiras foi derrotada pelo vírus. "Nessa crise o conceito de solidariedade - defendido pela União Europeia e pelos globalistas - contou muito pouco. Nos tornamos todos nacionalistas", declarou Farage, sorridente.

O populismo e o hipernacionalismo não apenas fracassaram no tratamento da covid-19 como acabaram agravando a situação. Sem citar nomes, esse foi o recado da ONU durante a sua Assembleia Geral àqueles que se negaram a seguir as orientações da ciência.

Na França, a líder neofascista Marine Le Pen aproveitou para bater na tecla do fechamento das fronteiras aos estrangeiros.

Criticou o presidente com veemência: "Uma das primeiras maneiras de frear a epidemia é evidentemente efetuar o controle das fronteiras, o que Emmanuel Macron se recusou a fazer por razões quase religiosas", cobrou Le Pen, que ao que tudo indica deverá enfrentar o atual presidente francês na próxima eleição, em 2022.

Se, por um lado, acredita que as populações vão exigir de seus governos que se empenhem tanto no combate às alterações climáticas como se empenharam na resposta ao novo coronavírus, por outro, o próprio Macron admitiu a possibilidade de que o discurso populista e nacionalista saia reforçado da pandemia.

O presidente francês coloca todas as suas fichas na solidariedade europeia, temendo que a ausência dela ajude na eleição de propostas populistas na Itália, Espanha, França, Holanda. As eleições presidenciais francesas, que estão marcadas para abril de 2022, provavelmente serão uma espécie de segunda volta entre Macron e Marine Le Pen, a líder da União Nacional, da extrema direita.

Mesmo assim, apesar dessa nova ofensiva populista, politólogos como o português Álvaro Vasconcelos acreditam que desta pandemia poderá sair uma Europa mais democrática e fraterna, livre do dogma do neoliberalismo, mais determinada e eficaz na defesa da vida na nossa casa comum, a Terra. Em suma, crê que a comunidade das nações democráticas da Europa poderá voltar a ser uma esperança para o mundo e que no pós-coronavírus nasça um novo Iluminismo capaz de combater os "corvos".

VELHOS DOGMAS

O chefe do governo espanhol, Pedro Sánchez, está em sintonia com Vasconcelos. Em um artigo publicado em vários jornais europeus, disse acreditar no fortalecimento do Velho Continente do Iluminismo como única forma de salvar a democracia. "É o momento de abolir os velhos dogmas nacionais. Estamos num tempo novo e precisamos de respostas novas. Conservemos os nossos valores positivos e reinventemos o resto."

Nunca a Europa foi tão necessária como agora, por causa de si mesma e de um mundo que precisa mais do que nunca de solidariedade. A Europa precisa ultrapassar o egoísmo suicidário de alguns Estados fechados sobre si mesmos e redescobrir as raízes do sonho comunitário dos pais fundadores. Como assinala Vicente Jorge Silva, editorialista do *Público*,

> Um mundo onde o Estado esteja efetivamente a serviço dos cidadãos, tendo aprendido a principal lição destes meses em que a lei da vida acabou por imperar sobre todas as outras, inclusive a lei da morte. Um mundo onde os Estados repressivos e antidemocráticos, as leis da selva do velho capitalismo financeiro ou do novo peso asfixiante de um capitalismo numérico possam dar lugar a outro mundo mais livre, mais justo, mais igualitário e mais frugal, menos alienado pela febre consumista e mais harmonioso com os genuínos valores e prazeres da vida, cujo imperativo nos foi revelado ao longo desta reclusão forçada.

Uma parte dos elementos da economia do futuro já é conhecida, com entregas em casa e encomendas on-line, que serão potencializadas pelos drones e carros autônomos. Mas isso não quer dizer que essas formas de produção e distribuição sejam boas. Basta ver as péssimas condições de trabalho nos armazéns da Amazon, empresa do homem mais rico do mundo.

A redução da carga de trabalho é outra pista. À véspera da pandemia, a primeira-ministra finlandesa propôs um horário semanal de 30 horas de trabalho, com o objetivo de se ter um maior equilíbrio entre vida familiar e profissional, levando-se em conta o trabalho doméstico, essencial porém desvalorizado. Hoje, afinal, descobrimos que é possível ir muito além com o *home office*, passar mais tempo com a família e compensar adequadamente o trabalho de cuidadores e afins.

Nesses momentos de sucessivos confinamentos/desconfinamentos, convém pensar se queremos voltar ao que existia antes ou se há vontade política para aprender algumas lições da pandemia.

DO EQUILÍBRIO DO TERROR À INCERTEZA TOTAL

"No meio do infortúnio (sobretudo durante a primeira onda), tornou-se evidente, através dos contatos a distância, que as pessoas gostaram de se sentir no coletivo, que encontraram tempo e paciência para a família, que os sentimentos bons ressurgiram, o desfrute da arte erudita e popular aconteceu.
Fomos obrigados a deixar a "fast-vida", a correria, o massacre da competição e do tempo sem tempo.
E se pudéssemos então aproveitar para mudar?"

Isabel do Carmo, médica

The Day After, vocês se lembram, é o título de um filme de 1983 sobre os horrores de uma guerra nuclear. A minha geração, do pós-Segunda Guerra, viveu sob o equilíbrio do terror, o temor da destruição recíproca dos blocos ocidental e soviético pela bomba atômica.

A história documenta que faltou muito pouco para a realidade ultrapassar a ficção dos cinemas, mas o certo é que a Guerra Fria não resultou em apocalipse. O mundo, apesar das mil e uma crises, manteve-se minimamente feliz e razoavelmente próspero até o Natal de 2019. Ou seja, até o aparecimento do coronavírus e sua propagação aos cinco continentes. A globalização feliz deu lugar à globalização do medo, com a constatação da impotência de países ricos e desenvolvidos perante o avanço descontrolado da quantidade de infectados e do número de mortos.

Até ontem sabíamos tudo sobre a covid-19. Hoje, não sabemos rigorosamente nada sobre o nosso futuro. A única certeza é que não há certezas: só sei que nada sei, do grego antigo *ipse se nihil scire id unum sciat*, tirado da narrativa de Platão sobre Sócrates. Não temos a menor ideia sobre até que ponto vão mudar as regras em que estamos habituados a viver, os comportamentos, as culturas, a economia, a política e também, é claro, a saúde.

No curto prazo podemos nos perguntar se a recessão vai ou não chegar aos dois dígitos do PIB e qual será o algarismo na casa das dezenas. A mesma questão se aplica à taxa de desemprego e à quebra do comércio.

O Estado terá um problema delicado a resolver. Os verdadeiros contribuintes serão em número cada vez menor, em oposição ao aumento exponencial dos frágeis. Muita gente da classe média será jogada na pobreza, muitos pobres na miséria. Vai haver bem menos receita fiscal e, simultaneamente, a necessidade de muito mais despesa social. Quais serão as consequências? O congelamento dos investimentos públicos e o emagrecimento dos serviços de saúde, educação, habitação? Redução das prestações sociais e das remunerações da função pública? A resposta é sim, se insistirmos no modelo econômico neoliberal, baseado nas forças do mercado; muita gente ficará no caminho. O Estado estará falido. Uma reforma fiscal será inevitável e urgente, com a taxação da riqueza e da herança. Os ricos terão de pagar mais impostos, e toda a atenção terá de ser dada à redução drástica das desigualdades e aos mais desprotegidos.

Como disse George Orwell, "É preciso uma luta constante para ver aquilo que está à frente do nosso nariz."

Uma vez mais: a pandemia não afetou todos da mesma maneira. Os países desenvolvidos enfrentam uma dupla crise: sanitária e econômica. Mas a crise nos países menos desenvolvidos é tripla: sanitária, econômica e social. Apesar de ser rico (nona economia do mundo), o Brasil, por ter se descuidado desde sempre da questão social, encontra-se neste úlimo grupo.

A informalidade dos trabalhadores e a precariedade dos Estados de Bem-Estar Social multiplicam as penúrias e dificultam as soluções. Ainda mais que a adaptação da máquina estatal é lenta. O mundo viverá, portanto, tempos de frágil equilíbrio, no fio da navalha. Por um lado, a pandemia incentivará o fortalecimento do poder estatal, por outro, correremos o risco de ver nascer Estados despóticos, capazes de esmagar o indivíduo e violar o império da lei.

Em contrapartida, se tudo continuar como antes da pandemia, a economia vai aumentar a multidão de informais e de *freelancers*, que trabalharão mais do que nunca para receber menos do que podiam imaginar. Muitos deles vão ficar em casa e integrar a atividade do *home office*, o novo nome para a precariedade. Outros não terão trabalho, engrossando a fila dos "inúteis", como qualificou o israelense Yuval Noah Harari.

O comércio também vai mudar. Com muitas lojas fechadas para sempre, o consumismo deve desaparecer enquanto motor da vida: a maioria vai deixar de ter dinheiro para o essencial, sobrará pouco ou nada para o supérfluo. Restará o *e-commerce*.

E como vai ficar a indústria? Será que os alemães da Autoeuropa e da Continental, os franceses da PSA e da Renault ou os galegos da Zara ouviram o recado pandêmico e estão dispostos a mudar? E o que será da agricultura?

Acresce a dúvida sobre a vida nas cidades. Os pessimistas pintam cenas dramáticas: "Será um desfilar de marginais e de *walking dead*, um território de gaivotas famintas, de animais de estimação abandonados e de Airbnb devolutos? Será um mundo de autoestradas vazias e de infraestruturas sem uso ou manutenção?"

O mundo pode parecer o filme-catástrofe americano de Roland Emmerich, de 2004, *The Day After Tomorrow*. O dia seguinte ao coronavírus é uma incerteza sem fim.

Podemos ter esperança? Sim, podemos e devemos. É uma questão de sobrevivência, não de opção.

Como teria dito Sir Winston Churchill, temos de ser otimistas porque, tal como o mundo está, não adianta ser outra coisa.

NORMALIDADE, QUE NORMALIDADE?

Voltar à normalidade é a cantilena do momento; está na boca de todos. Mas voltar a que normalidade? À dos pequenos rituais cotidianos de sair pela manhã, ir à padaria comprar pão francês (que de francês nada tem) ou à que arruinou sistemas de saúde, de habitação, de segurança social e o meio ambiente, ao colocar o lucro individual à frente do bem-estar das comunidades e do planeta?

Muitos, como o presidente brasileiro Jair Bolsonaro e seu séquito de bolsominions, querem ardentemente que o dia a dia volte a ser o que era. Mas também têm surgido vozes para dizer que regressar à normalidade do passado, nem pensar.

Vivemos tempos simultâneos. Por um lado, o da resposta imediata, o confinamento e a tragédia de famílias enlutadas que mal conseguiram velar e enterrar seus mortos (fazer o luto tornou-se um luxo), de outro um número incalculável de pessoas que perderam o emprego. Por outro, é preciso refletir sobre o futuro de médio prazo e imaginar outros caminhos, para que não voltemos a repetir os erros que nos levaram a esta situação de impotência.

A crise sanitária excepcional, resultante de uma pandemia que se deseja circunstancial, expôs insuficiências estruturais no nível dos sistemas de saúde pública e terá consequências para o restante da nossa existência.

Nesse sentido, voltar ao normal não é - ou pelo menos não deveria ser - uma opção. É preciso tirar as consequências das nossas falhas.

Alguns especialistas em saúde pública temem que a vacina crie expectativas demasiado elevadas. A narrativa confiante de políticos e de empresas sobre a solução vacinal poderá dar às pessoas crenças irrealistas sobre quão depressa o mundo voltará ao normal.

As expectativas são de que, com a vacina, a pandemia acabará e poderemos jogar fora as máscaras e acabar com o distanciamento social, frequentando pubs, indo a jogos de futebol, dançando colados em megaconcertos. Deveríamos levar em consideração que os melhores cenários não se concretizaram ao longo desta pandemia, e que até mesmo os especialistas, que acreditam plenamente no poder das vacinas, preveem um longo caminho pela frente.

Na opinião do professor Yonatan Grad, de Doenças Infecciosas e Imunologia da Escola de Saúde Pública da Universidade de Harvard, "é improvável que a vacina funcione como um interruptor para desligar o vírus, um botão para voltarmos aos tempos pré-pandemia".

O anúncio de que as vacinas se mostraram seguras e eficazes foi, de acordo com os cientistas, um começo, não o fim. A primeira dificuldade é a produção em massa, a segunda a sua disponibilização à população mundial, que pressiona as redes de distribuição, as cadeias de abastecimento, a confiança pública e a cooperação global. Vai levar provavelmente anos até se chegar a um número suficiente de pessoas imunizadas para tornar o mundo seguro.

Quem tomou a vacina assim que esteve disponível não ficou protegido imediatamente; o sistema imunitário demora para formar os pelotões de anticorpos. E meses - ou anos - para que haja a tão esperada "imunidade de rebanho".

A imunidade pode ter uma duração curta ou ser parcial, exigindo repetidos reforços que sobrecarregam o fornecimento de vacinas ou obrigam a que as pessoas mantenham o distanciamento social e usem máscara, mesmo depois de terem se vacinado. E se uma vacina não funcionar tão bem para alguns grupos ou se setores da população estiverem relutantes em tomá-la, algumas pessoas continuarão a ficar doentes, mesmo depois de os cientistas declararem vitória, o que poderia alimentar a falsa sensação de que o imunizante não funciona. Os especialistas em saúde pública temem que isso possa levar ao desapontamento e a desgastar uma confiança, essencial para que o esforço de vencer o vírus tenha sucesso.

Um imunizante comprovado muda profundamente a relação do mundo com o novo coronavírus e é dessa forma que muitos acreditam que a pandemia vai acabar. No imaginário popular, uma vacina é vista como uma solução mágica.

"O cenário mais realista provavelmente será como o que vimos com o HIV", disse Michael Kinch, especialista em desenvolvimento e pesquisas de medicamentos na Universidade de Washington, em St. Louis. "Com o HIV, olhando agora para trás, tivemos uma primeira geração de medicamentos bastante medíocres. Tenho receio - e as pessoas não gostam de ouvir isto, mas estou sempre a pregá-lo - de que tenhamos de nos preparar para a ideia de não termos uma vacina perfeita."

Em 12 de abril de 1955, uma vacina contra a poliomielite mostrou-se eficaz e segura. O criador, Jonas Salk, tornou-se um herói nacional. Os sinos das igrejas soaram e as pessoas foram para as ruas se abraçar, disse Howard Markel, historiador na Universidade de Michigan.

Mas houve obstáculos ao longo do caminho, enquanto cientistas e autoridades de saúde pública tentavam travar uma doença que era uma grande ameaça para as crianças. O "incidente Cutter" tornou-se um momento funesto da medicina, quando um dos fornecedores da vacina falhou na desativação completa do vírus na injeção, infectando cerca de 40 mil crianças, paralisando 51 e matando 5. Essas infecções geraram a sua própria epidemia, paralisando mais 113 e matando mais 5.

"O incrível é que tenha sido apenas um problema temporário", disse Markel. "Os pais tinham tanta confiança nos médicos e cientistas (ao contrário de hoje) que a vacinação continuou, as pessoas tomaram as injeções."

A vacinação, contudo, não significou o fim da poliomielite. Durante dois anos, os casos nos Estados Unidos caíram 80%, mas os surtos continuaram. Seis anos depois, foi introduzida uma vacina oral para a poliomielite que podia ser dada como um cubo de açúcar que se dissolvia na língua das crianças. A poliomielite foi eliminada dos Estados Unidos em 1979.

Mas a vacina da poliomielite apareceu num momento diferente na história da América, disse Markel, quando as pessoas tinham grande confiança de que cientistas, instituições médicas e governamentais podiam mudar as suas vidas para melhor. No caso do coronavírus, uma falha de comunicação sobre vacinas, um efeito secundário desagradável ou uma vacina que seja só parcialmente protetora poderá ter efeitos desmedidos, especialmente quando se tem em conta que os ativistas antivacinas já estão a semear a desconfiança.

MAIS MORTOS PARA A ALEGRIA DO CAPITÃO

"O que acontecerá se algumas das mais de 200 candidatas à vacina falharem na fase de testes? As pessoas vão simplesmente desistir? Ou vai ser como entrar no inferno de Dante?", perguntou Angela Rasmussen, da Universidade Columbia.

Hoje, o Brasil de Bolsonaro - o presidente genocida - se assemelha ao inferno de *A divina comédia*.

No momento em que o mundo começava a imunização e que para dar o exemplo três ex-presidentes dos Estados Unidos iam juntos a público para tomar a vacina, em que os líderes europeus entravam na fila, aguardando o momento de se imunizar, o capitão dizia despudoradamente, num programa de grande audiência da televisão: "Eu não vou tomar vacina e ponto-final. Minha vida está em risco? O problema é meu."

Conclusão: cresceu a parcela da população brasileira que não pretendia se imunizar, segundo pesquisa Datafolha.

Mais pessoas morrerão, provavelmente para alegria do clã Bolsonaro.

As novas variantes do coronavírus surgiram onde não adotaram, ao menos num primeiro momento, as políticas sanitárias protagonizadas pela OMS: Reino Unido, África do Sul, Brasil, Estados Unidos. Segundo os cientistas da Duke University, uma das mais prestigiosas dos Estados Unidos, outras cepas chegarão, provavelmente mais contagiosas e mortais, em face da insistência de autoridades como o presidente brasileiro em deixar o vírus circular. E isso colocará em risco não apenas a população do país, mas o mundo inteiro.

Negacionistas à parte, devemos nos interrogar também de maneira profunda sobre o que há de errado com o nosso sistema para estarmos tão despreparados para a pandemia, apesar das advertências insistentes dos serviços médicos e cientistas, a quem imploramos a vacina.

Durante décadas deixamos o essencial de lado em nome da eficiência. O que em bom português se traduziu por corte de custos e aumento da produtividade. Quanto à ciência, hoje questionada por um vírus, até há pouco prometia a eternidade, a possibilidade de uma vida centenária para todos.

O vírus matou muitos infectados, mas será que matou as políticas de saúde adiadas? Queremos voltar às lógicas que nos últimos anos desvalorizaram o trabalho, tratando-o como custo? Afirma Virato Soromenho-Marques, catedrático da Universidade de Lisboa:

> A normalidade, tal como a conhecemos, não voltará a reconstituir-se. As forças que nos conduziram a este caos, que está apenas no começo, não estão preparadas para outra coisa que não o aumento da desordem. Se olharmos para as lideranças de democracias, de Donald Trump e Boris Johnson a Jair Bolsonaro e Narendra Modi, passando pelos paroquiais e assustados regedores dos países da União Europeia, é difícil encontrar sequer a sombra da inteligência e capacidade de coordenação necessárias para mitigar os danos e sofrimentos inevitáveis. O risco de colapso por implosão ou fragmentação (da União Europeia, por exemplo) é real. Precisamos de uma grande estratégia mundial para garantir a paz e reinventar o nosso habitat econômico e social.

A palavra de ordem, como sempre acontece em situações econômicas e sociais extremas, é "Plano Marshall", numa alusão ao programa econômico de um grupo de visionários norte-americanos no pós-Segunda Guerra, que desembocou na criação da Comunidade Europeia.

O momento que vivemos pode resultar em mais austeridade, autoritarismo e menos democracia (exemplos da China, dos EUA de Trump, Brasil, Rússia, Hungria, Índia, Filipinas) ou, ao contrário, na construção de um espaço onde a democracia será compatível com o máximo de equidade social, política, cultural e econômica. Precisamos de normalidade, sim, mas de uma outra normalidade.

Nos primeiros meses de 2020 constatamos que ao pedido de apoio para acudir às necessidades dos sistemas hospitalares, inundados com pacientes infectados pelo coronavírus, milhões de médicos e enfermeiros em todo mundo responderam de forma altruísta. Os voluntários para apoiar idosos isolados ou vizinhos dispostos a ajudar os mais frágeis deram origem a incontáveis atos de solidariedade. Empresas empenharam-se em ajudar os seus trabalhadores. As políticas de apoio aos desempregados apareceram com força por todo lado. O medo do vírus igualou nações, estatutos sociais ou culturais. No Reino Unido, que votou pelo Brexit contra os imigrantes, elogiaram-se os estrangeiros que estiveram na linha de frente no combate à doença.

Sinais como esses legitimam a convicção sobre o prenúncio de um novo tempo, mais solidário, mais altruísta, mais sensível aos problemas dos outros, mais capaz de compreender que a diversidade étnica, religiosa, cultural, nacional é uma riqueza e não uma ameaça. Um choque como esse nos força a questionar tudo.

Há uma pequena possibilidade de que o pesadelo que vivemos nos leve a reencontrar o humanismo perdido no caminho.

Para isso precisamos estar mais atentos do que nunca, pois nada garante que os líderes arrogantes, boçais e patéticos como Bolsonaro, iliberais, como Orbán, despóticos, como Maduro, ou alheios ao valor da liberdade, como Xi Jinping, perderão poder com a sua lógica do "nós contra os outros".

Nos próximos tempos, a Terra continuará a ser redonda e a girar em torno do Sol, queiramos ou não. O debate sobre a nova normalidade e o aumento do autoritarismo apenas começou. Temos que mantê-lo vivo para evitar o pior. Os futurólogos apostam que, no melhor dos casos, voltaremos a um *semblant* de normalidade dentro de dois anos; só então teremos alguma ideia de para onde iremos. De qualquer maneira, a futura "normalidade" não será a normalidade de antes da pandemia.

RENDA BÁSICA

Uma renda contínua, dada de forma regular e incondicional a todos os cidadãos e garantida pelo Estado: essa é a essência da renda básica universal, uma ideia que voltou a circular pelo mundo, graças à pandemia.

O novo coronavírus deixou clara a necessidade de uma mudança radical e urgente na economia, impulsionando a proposta de adoção de uma renda básica universal, defendida inclusive entre os economistas de direita como o mestre da Escola de Chicago, Milton Friedman. Bilionários como Elon Musk, da Tesla, e Mark Zuckerberg, do Facebook, estão entre os simpatizantes, assim como muitos economistas que também apoiam a ideia segundo a qual todos, sem exceção, receberiam um certo valor.

De todas as propostas surgidas até agora essa é apontada como a melhor maneira para que nenhum cidadão caia na linha de miséria, mantendo a liquidez para suprir as suas necessidades de subsistência. A renda mínima universal tornou-se um tema popular, apesar de pouco aplicada.

Embora ganhe força com a pandemia, a ideia não é nova. Os primeiros textos sobre o assunto foram escritos pelo filósofo britânico Thomas More. Em *Utopia*, livro publicado em 1516, ele inventa uma ilha ficcional habitada por uma sociedade perfeita. Num diálogo entre os personagens sobre a ineficácia da pena de morte na diminuição da criminalidade nasce o conceito da renda básica, que ecoa mais de cinco séculos depois.

More é a grande inspiração do ex-senador, atual vereador, Eduardo Suplicy (PT-SP), que deu exemplares de *Utopia* de presente para o presidente Jair Bolsonaro e para o ministro Paulo Guedes, com um e-mail e uma carta em que expressa o desejo de que o ministro da Economia interaja com a Frente Parlamentar Mista em Defesa da Renda Básica, da qual é presidente de honra.

O vereador é o autor da única lei do mundo - Lei 10.835, de 8 de janeiro de 2004 - que garante o pagamento anual de uma renda que supra alimentação, educação e saúde a todos os brasileiros residentes no país e estrangeiros residentes há pelo menos cinco anos, independentemente de suas condições socioeconômicas.

Apesar de sancionada pelo ex-presidente Lula, a lei virou letra morta e nunca entrou em vigor.

A principal dificuldade diz respeito à fonte de financiamento. Há quem defenda a criação de uma renda básica universal a partir da redução da carga tributária destinada aos serviços — assim, o governo distribuiria dinheiro diretamente aos cidadãos e deixaria de investir em saúde e educação, por exemplo. Outra vertente propõe que a renda básica seja uma política complementar aos demais mecanismos e benefícios da seguridade social.

A proposta de Suplicy nasceu de um jeito e evoluiu de outro.

Entre os anos 1960 e 1970, Eduardo Suplicy era um defensor da perspectiva de renda básica por meio do imposto de renda negativo, de origem liberal. Com o tempo, passou a defender políticas focalizadas, como o Programa de Garantia de Renda Mínima, com base numa medida francesa chamada RMI (Renda Mínima de Inserção) para 1 milhão de pessoas. Pouco tempo depois, Suplicy passou a militar pela perspectiva mais humanista e generosa, conhecida como renda básica universal, chamada por ele Renda Básica de Cidadania. Nada a ver com a Renda Cidadã, que chegou a ser defendida por Jair Bolsonaro, a partir do calote no pagamento dos precatórios e da retirada de recursos do Fundeb, o Fundo para Educação de Base.

No Brasil, a experiência do Bolsa Família, com quase 14 milhões de famílias de baixa renda atendidas, é exemplar. Apesar das falhas, é reconhecido internacionalmente por seus efeitos no combate à pobreza, tem custo relativamente baixo e um papel importante na promoção da educação.

A criação durante a pandemia do auxílio emergencial, que repassou inicialmente R$ 600 (Bolsonaro havia proposto R$ 200) a trabalhadores informais, microempreendedores individuais e trabalhadores informais de baixa renda, colocou a questão da distribuição de renda no centro do debate, com a criação, em julho de 2020, da Frente Parlamentar Mista em Defesa da Renda Básica, composta por mais de 217 parlamentares e entidades da sociedade civil.

Várias experiências vêm sendo feitas no mundo. O governo do Alasca, por exemplo, deposita um valor anual para cada um dos seus mais de 700 mil cidadãos, variável segundo os ganhos do petróleo.

Na Espanha, um programa deverá beneficiar mais de 850 mil famílias. Outros estão em curso nos Estados Unidos há quatro décadas e, atualmente, no Quênia, na Finlândia, na Suécia e na cidade de Utrecht, na Holanda.

Um ano antes da pandemia, ao apresentar seu Plano de Combate à Pobreza, o presidente francês Emmanuel Macron anunciou uma lei para 2020 (adiada para 2021) tendo como objetivo criar uma renda universal mínima, que reuniria diversas ajudas sociais e garantiria, segundo ele, "dignidade mínima" a todos.

Hoje, frente à pandemia, Francisco Biscainho, da Iscte Business School, lança um alerta para que não fiquemos reféns de velhas soluções para resolver os problemas econômicos trazidos pelo vírus.

> A organização socioeconômica capitalista contemporânea, de carácter profundamente neoliberal, provou ser o veículo perfeito para que um vírus sacudisse os seus pilares e explorasse as suas fragilidades a ponto de obrigar a pisar no freio. No epicentro desta pandemia observamos alguns dos seus elementos estruturais, como a livre circulação de pessoas e mercadorias (o veículo por excelência para a propagação) e o culto do desmantelamento do Estado Social que, entre outras abominações, deixou serviços nacionais de saúde em estado anêmico, inclusive em países ricos e de tradição assistencialista como a França, os obrigando a um esforço sobre-humano para dar resposta à crise.

O quadro clínico é severo: uma colossal crise econômica e financeira, que poderá desaguar em crise humanitária, num organismo ainda debilitado por uma gripe mal curada que nos nocauteou em 2008.

A crise causada pela pandemia de covid-19 fará com que 235 milhões de pessoas precisem de ajuda humanitária para sobreviver em 2021, uma alta de 40% em relação a 2020, informou a Organização das Nações Unidas (ONU). Pelo menos 736 milhões de pessoas poderão então estar em situação de pobreza extrema, de acordo com o relatório Visão Humanitária Global.

O documento enfatiza que essa meta será alcançada se a maioria dos planos nacionais receber o total de US$ 35 bilhões.

É preciso reconhecer que será necessária uma dose nunca antes vista de agilidade e criatividade econômico-financeira, que sairá cara aos Estados. Esse será o preço a pagar por não termos feito o que devíamos quando a situação era propícia. Empurrar com a barriga não é mais possível, mesmo porque uma outra crise de grande dimensão – as mudanças climáticas – bate às nossas portas. O capitalismo neoliberal parece ter chegado ao ponto de ruptura. O "mercado" faliu. O Estado Social precisa assumir a transição.

Como em todas as guerras, durante o recente confinamento, a atividade econômica ficou circunscrita a um conjunto reduzidíssimo de setores essenciais, para que os países não parassem completamente. As consequências todos conhecem: desemprego, vulnerabilidade dos trabalhadores sem condições para assegurar as suas funções por meios alternativos como o teletrabalho, endividamento do Estado, recessão, falência de uma fatia considerável de pequenas e médias empresas, destruição das fontes de rendimento de praticamente todos os trabalhadores independentes, que já não contavam com a rede protetora das leis trabalhistas e da assistência do Estado Social.

O principal afetado, o cidadão comum. Mais ainda, as mulheres, que tiveram de fazer face a um aumento exponencial da violência doméstica.

As tecnologias da informação e comunicação estão transformando a educação, o trabalho, a investigação e, logo, a vida de todos e de cada um. O Instituto Europeu de Igualdade de Gênero publicou um estudo sobre "as oportunidades, os riscos e os desafios" e mostra como este mundo novo reproduz velhas desigualdades.

A transição digital, muitas vezes apresentada como a panaceia para aumentar a produtividade e a competitividade, não será igual em todos os países, nem em todos os setores, menos ainda para as mulheres. Inclusive na União Europeia, elas correm um risco maior que os homens de perder o emprego pela introdução da robótica e de outros avanços tecnológicos. As previsões do Instituto Europeu reforçam o que já fora anunciado pelo Fundo Monetário Internacional e pela OCDE, Organização para a Cooperação e Desenvolvimento Econômico.

O ENTERRO DO ESTADO MÍNIMO

Os tratamentos passam por uma renda básica universal de emergência, a ser distribuída mensalmente a todos com mais de 18 anos, como complemento de empréstimos bancários a juros subsidiados (zero ou próximo de zero), da suspensão por um tempo determinado do reembolso de empréstimos habitacionais, da gratuidade dos serviços públicos essenciais. É a maneira de evitar que o cidadão caia na linha de miséria, mantendo a liquidez para suprir as necessidades básicas e tentar constituir uma poupança mínima para o momento da viragem da curva da crise. Claro, mesmo assim entraremos em recessão, não há escapatória. O mundo ficará mais pobre, mas ao menos o desastre será suportável.

Esta pandemia nos colocou diante do velho debate sobre o tamanho do Estado. Colocam-se também questões sociais e filosóficas, relativas ao ser humano no ecossistema e ao modo de vida.

Conclui-se que é o Estado (e não o mercado), através das suas funções na saúde, educação, seguridade social, que pode se ocupar do que nos é essencial. A ideologia do Estado mínimo precisa ser enterrada o mais rapidamente possível. É hora de um novo pacto social.

ESCRAVIDÃO 5G

Em razão do desinvestimento recente nos sistemas nacionais de saúde, devido aos governos neoliberais, muito mais preocupados com a redução dos custos que com a saúde propriamente dita, hoje os ideólogos da direita precisam se dar conta da falência do mercado e engolir em seco, porque não dá mais para negar: o rei mercado está nu. A pandemia deixou claro que nas horas mais difíceis nós, cidadãos, dependemos do Estado. O SUS (Sistema Único de Saúde), no Brasil, é o melhor exemplo.

Com raras exceções, como a brasileira e a norte-americana, foram os Estados centrais que coordenaram a luta pela vida, contra o vírus, e intervieram para limitar a queda da economia diante da incapacidade do mercado em reagir. Os serviços públicos demonstraram ser insubstituíveis, restando à iniciativa privada um papel menor. Os valores de ajuda mútua, de solidariedade, foram preciosos. De agora em diante, se formos inteligentes (valor raro na ciência política), os interesses individuais deverão passar para segundo plano. Será preciso rever as prioridades estratégicas da indústria para limitar a dependência dos povos em bens essenciais, como medicamentos e material hospitalar; em outras palavras, a globalização deverá ser regulada e limitada. Vamos ter de repensar o mundo e tirar lições da crise. O debate será rude, a tarefa, árdua e o tempo, curto.

Nosso tempo é o da 5G. É o de hoje. Não há um segundo a perder.

Como anunciou o historiador Yuval Noah Harari, a inteligência artificial em larga escala será o fim da nossa civilização e o início de uma nova era, em que parte substancial dos nossos empregos desaparecerá, dando nascimento ao que ele chama de cidadãos "inúteis". Disse Harari à *Deutsche Welle*:

> O perigo de uma classe inútil está, na verdade, crescendo dramaticamente, por causa da atual crise econômica. Vemos agora um aumento da automatização, robôs e computadores substituindo seres humanos em cada vez mais empregos nesta crise. Porque as pessoas estão confinadas em suas casas, e elas podem se contaminar. Mas robôs, não.

Segundo Harari, é possível que os países decidam trazer certas indústrias de volta para casa, o que teria graves consequências. Devido à automatização e à desglobalização, os países em desenvolvimento que dependem do trabalho manual barato teriam de repente uma enorme classe inútil de cidadãos desempregados.

Aliás, o fenômeno não seria exclusividade das nações periféricas, podendo se dar também nos países ricos. Esta crise está causando mudanças imensas no mercado de trabalho; as pessoas trabalham de casa, on-line. E, se não tomarmos cuidado, poderá resultar no colapso do trabalho organizado em alguns setores industriais.

Mas isso, de acordo com o pensador israelense, não é inevitável, já que depende de decisões políticas. "Podemos tomar a decisão de proteger os direitos trabalhistas. Já que os governos estão resgatando financeiramente indústrias e corporações, eles podem condicionar a ajuda à proteção dos direitos dos empregados. Então tudo depende das decisões que tomemos."

Com a 5G, a Revolução Tecnológica subverte nosso *modus vivendi* provavelmente como nunca na história. A exemplo da 3G e 4G, o indivíduo poderá se beneficiar de uma conexão de internet muito mais rápida. Um filme de duas horas será carregado em um segundo. Mas isso é o de menos. Outras perspectivas se abrem: na área da saúde, com a generalização da telemedicina, da telecirurgia, da vigilância das pessoas frágeis ou doentes a distância; no setor de transportes, com os veículos autônomos, sistemas inteligentes e integrados de circulação, conexão automática entre os veículos; na criação de cidades inteligentes, na segurança pública, no controle energético, territórios conectados; na automatização, robótica e pilotagem a distância; na realidade virtual.

Esse mundo novo pede uma atuação social e econômica muito mais presente e forte do Estado, entre outras coisas com a generalização da renda básica universal, e, paralelamente, apela para muito mais democracia, pois senão muito em breve seremos reduzidos à "escravidão" e à "inutilidade".

DA PESTE NEGRA À COVID-19

A peste chegou à Europa em 1348 através da colônia genovesa de Cafá, na Crimeia. Estima-se que um terço da população europeia morreu. Em muitas regiões, no entanto, chegou-se a mais da metade dos habitantes. Florença, por exemplo, ponta de lança da economia do século XIV, tinha mais de 100 mil habitantes antes da peste; ao final, apenas 50 mil.

Ao contrário da imagem que se faz da Idade Média, antes de ser dizimada pela peste, a Europa do século XIV era um espaço aberto, cosmopolita e regido pela ideia do bem comum, diz a medievalista Miri Rubin, autora de *Cities of Strangers*.

A peste negra acabou com a economia próspera da Baixa Idade Média. Segundo a historiadora, antes da pandemia negra, toda a Europa e uma parte da Ásia se encontravam nas feiras da região de Champanhe, seis por ano, com dois meses de duração cada. Sedas da China eram vendidas por italianos aos poloneses que regressavam de Santiago de Compostela. De Flandres vinham louças, tecidos e lã escocesa, que chegavam de barco. Num ano faziam-se as encomendas para o ano seguinte, o que implicava promissórias, letras, notas de crédito, garantias, câmbios, empréstimos etc. Mais do que a inovação nas navegações ou na maquinaria — como na expansão do século XVI ou na Revolução Industrial —, aquela era uma economia do conhecimento, que só não chegou a ser uma revolução porque foi interrompida pela peste.

De acordo com a socióloga americana Janet Abu-Lughod, o impacto da peste negra quebrou a integração dos subsistemas da Ásia, Médio Oriente, norte da África e Europa, e fez-se sentir na economia mundial durante 150 anos. Quando esse período passou, os ganhadores eram outros: os mongóis de Tamerlão, a Liga Hanseática e, finalmente, portugueses e espanhóis.

Vale a pena revisitar as pandemias do passado porque assim podemos minimizar a covid-19. Hoje sabemos muito mais sobre pandemias e como evitá-las, embora nossas principais ferramentas - a quarentena, o distanciamento social e o confinamento - sejam as mesmas que os medievais usaram. Temos, contudo, facilidades de informação e comunicação, além de uma economia que cresceu como nunca desde o século XVIII.

Isso significa que estivemos mais bem preparados para encarar a covid-19, para salvar vidas e reinventar a economia?

A pergunta fica no ar.

A história das pandemias nos mostra que elas estimulam a criatividade. A bactéria da tuberculose, por exemplo, deixou 1,5 milhão de mortos entre os séculos XVII e XVIII, levando as pessoas a se esconder em suas casas para evitar o contágio. Consequência: o modo de vida caseiro deu nascimento a um dos movimentos artísticos mais ricos da pintura, o romantismo.

Confinadas, as pessoas começaram a pintar o que estava à vista: utensílios de cozinha, buquês de flores, composição de frutas, natureza-morta.

Em entrevista à rádio France Inter, o neuropsiquiatra Boris Cyrulnik, comentou que a gripe espanhola e as suas 50 milhões de vítimas inspiraram Freud, depois do falecimento de sua filha Ana, a criar o conceito das "pulsões de morte".

De acordo com a jornalista científica Laura Spinney, em seu livro *La Grande tueuse: comment la grippe espagnole a changé le monde* (A grande assassina: como a gripe espanhola mudou o mundo), o mundo mergulhou num buraco negro, que mudou a estrutura social da época. "Ao causar a morte dos doentes entre 20 e 40 anos, a epidemia deixou milhões de órfãos e estimulou as pesquisas em virologia, epidemiologia, deu nascimento à medicina socializada. Os médicos se deram conta de que o vírus não respeita fronteiras. A epidemia levou a Sociedade das Nações, atual ONU, a criar um 'comitê mundial de higiene', predecessor da OMS."

O NEGACIONISMO NA ESTEIRA DA COVID

"Se algo está sucumbido, é justamente a mensagem populista. Pessoas como Donald Trump e Jair Bolsonaro mostraram sua mesquinharia, dando a ideia de estarem prontos a sacrificar os mais fracos. E na Europa não funcionou jogar a culpa nos chineses ou refugiados: quem transportou o vírus foram turistas e empresários. Até a corrida armamentista dos EUA é ingênua. Eles pensam em proteger a casa e ficam doentes porque não lavam as mãos o suficiente. Estamos todos aprendendo que esforços nacionais isolados não são suficientes: os limites do populismo nacionalista que insiste na soberania do Estado estão diante dos olhos de todos. Repito, a solidariedade global e a cooperação são o único caminho racional e até egoísta a seguir."

Slavoj Žižek

Além da covid-19 e da esteira sinistra de mortos em todo o mundo, o que mais chamou a atenção foi a repetição insana do negacionismo científico pelos líderes populistas, que chegaram a negar a própria existência da pandemia, o que lhes valeu puxões de orelha da OMS e de outras agências e mecanismos da ONU.

Trump e Bolsonaro foram os melhores exemplos. Começaram por ridicularizar a gravidade da doença — "uma gripezinha, um resfriadinho" —, desinformaram e adiaram o problema. Depois, desvalorizaram o papel da ciência, em nome da crendice ou de uma suposta superioridade étnica. Finalmente, foram forçados a reagir. Tarde e com uma política errática. Não hesitaram entre o valor da vida humana e os interesses econômicos, privilegiados. O resultado foi o pior possível, pois muitos americanos e brasileiros seguiram a loucura revisionista de seus líderes. Não é absurdo se falar em genocídio.

O mais gritante nas presidências de Donald Trump e do capitão Bolsonaro na gestão da pandemia da covid-19 foi a desonestidade.

Mestres da mentira, começaram por acusar a China da existência do vírus e da sua propagação, e, quando já Itália e Espanha começavam a explodir, continuavam a negar a gravidade da doença. Pagaram o preço dessa desonestidade em vidas, com mais de 30% das vítimas mortais do globo por covid-19.

Como se não bastasse, se travestiram de médicos, dizendo que tomavam hidroxicloroquina para prevenir a doença, ridicularizaram a utilização das máscaras, difamaram a OMS e desprezaram por completo as visões da comunidade científica norte-americana, brasileira, mundial.

No topo da gravidade, deixam sequelas tóxicas que perdurarão para além de seus mandatos, sob a forma de descrédito da ciência e da verdade.

Entre os populistas há ainda os que, pelo caminho, aproveitaram as leis de exceção em tempos de crise para agravar a erosão da democracia, reforçar a autocratização e perpetuar-se no poder.

No mesmo momento em que os Estados Unidos se tornavam o país com maior número de casos registrados, Donald Trump colocava os números em dúvida e criticava os governadores dos estados, questionando os pedidos de material médico. "Tenho a sensação de que em muitas áreas estão anunciando números maiores do que na realidade são", disse Trump ao ser entrevistado na Fox News por Sean Hannity.

O então presidente norte-americano atacou os governadores que exigiam uma resposta federal para combater a propagação da pandemia, sublinhando que se tratava de uma crise que necessitava de respostas concertadas.

Na entrevista, duvidou da necessidade de material médico suplementar. "Eu não acredito que precisem de 30 mil ou 40 mil ventiladores", afirmou, ao criticar o governador de Nova York, Andrew Cuomo, que fez o pedido diante do aumento do número de doentes graves.

TODDYNHO, NUTELLA E ZAP

Abaixo da linha do Equador, seu clone Jair Bolsonaro teve exatamente a mesma reação do norte-americano, a quem confessou *"I love you"*. Criticou os governadores, sobretudo João Doria, de São Paulo, e Wilson Witzel, do Rio de Janeiro, que decretaram o isolamento da população, acusando-os de oportunismo, de estarem aproveitando a crise sanitária para se lançar na corrida presidencial. Em resposta, Bolsonaro lançou uma campanha publicitária com o tema "O Brasil não pode parar", saiu às ruas e foi congratular-se com comerciantes, criou aglomeração, conclamou seus militantes a realizar carreatas e voltar ao trabalho, rebaixou o vírus ao *status* da tal gripezinha. Meses depois, em novembro de 2020, disse em seu costumeiro linguajar homofóbico que o Brasil tem de deixar de ser um país de maricas.

"Tudo agora é pandemia. Tem que acabar com esse negócio. Lamento os mortos, todos nós vamos morrer um dia. Não adianta fugir disso, fugir da realidade, tem que deixar de ser um país de maricas", afirmou o capitão. "Temos que enfrentar, peito aberto, lutar." Em seguida, Bolsonaro disse que a geração hoje em dia é de "Toddynho, Nutella, zap".

O capitão chegou, portanto, ao extremo de sugerir machismo como solução para a pandemia. Citou o ditador italiano Benito Mussolini: "É melhor viver um dia como um leão, que cem como um cordeiro."

Bolsonaro ainda reclamou que não o deixaram tomar as medidas que queria para diminuir o isolamento e manter estabelecimentos comerciais abertos; culpou os governos estaduais. E afirmou que o Congresso, através da figura do então presidente da Câmara, Rodrigo Maia, seu adversário, tinha sua parcela de culpa.

"O que faltou para nós não foi um líder, foi não deixar o líder trabalhar", disse. "Vem uma turminha aí falar 'queremos o centro', nem ódio para cá nem ódio para lá. Ódio é coisa de maricas. No meu tempo, *bullying* na escola era porrada. Agora chamar um cara de gordo é *bullying*. Nós temos como mudar o destino do Brasil, não haverá outra oportunidade."

A expressão "Tem que deixar de ser um país de maricas" deu a volta ao mundo. O que chamou a atenção da imprensa internacional foi a dimensão homofóbica do discurso. O jornal popular francês *Le Parisien* lembrou que não foi a primeira gafe do gênero do capitão, "homofóbico assumido".

Na mesma linha, o canal de televisão francês LCI comentou que o presidente brasileiro recorreu à homofobia para incitar a população a abandonar as medidas de precaução; a revista francesa *L'Obs* lembrou que Bolsonaro minimizou uma vez mais a pandemia, que na época já tinha matado mais de 160 mil pessoas.

No Reino Unido, o tabloide britânico *Daily Mail* relatou a derrapagem do brasileiro com o título "*A country of f*gs*", explicando que Bolsonaro "usou o termo ofensivo para gays em um discurso no palácio presidencial". O *Mail* cita as declarações feitas por Bolsonaro à revista *Playboy* em 2011, quando ele disse que seria incapaz de aceitar um filho gay e que "preferia vê-lo morto".

O italiano *Giornale di Sicilia* acredita que as palavras do presidente brasileiro "podem gerar polêmica em nível internacional". Disse Bolsonaro: "Eu acho que a situação não vai chegar ao ponto dos Estados Unidos. Até porque o brasileiro tem que ser estudado. Ele não pega nada. O sujeito pula num esgoto e sai mergulhando, não acontece nada com ele."

Bolsonaro foi o segundo chefe de Estado a ter seus tuítes suprimidos pela rede social. O primeiro foi seu arqui-inimigo Maduro, da Venezuela (no tuíte, o líder chavista recomendava, entre outras coisas, uma suposta cura caseira contra a covid-19, mistura de capim-santo, gengibre, pimenta-do-reino, limão e mel). O terceiro foi Donald Trump.

O trio foi enquadrado numa nova regra do Twitter, que prevê a remoção de conteúdos que "forem contra informações de saúde pública orientadas por fontes oficiais e possam colocar as pessoas em situação de maior risco".

Antes de Maduro, Bolsonaro e Trump, uma sanção contra um líder político só havia ocorrido com uma conta vinculada ao iraniano Ali Khamenei, guia supremo da Revolução Islâmica. Em fevereiro 2018, a plataforma removeu uma mensagem do aiatolá decretando uma *fatwa* (sentença religiosa) que condenava à morte o escritor anglo-indiano Salman Rushdie por seu livro *Os versos satânicos*.

Quanto a Bolsonaro, foi obrigado a anular a campanha "O Brasil não pode parar" por decisão do Supremo Tribunal Federal. Mesmo assim, voltou à carga, disse que iria decretar a volta ao trabalho e que era preciso enfrentar o vírus como homem e não como moleque. "Um dia vamos todos morrer", ironizou, referindo-se aos idosos. Foi condenado a pagar multa de 100 mil reais, passando para meio milhão em caso de recidiva. Não pagou... e reincidiu.

Declarou guerra à vacina Coronavac, desenvolvida pelo laboratório chinês Sinovac e que teve produção conjunta com o Instituto Butantan, sob o argumento de que um voluntário do programa de testes no Brasil havia morrido por suicídio. A Anvisa, dirigida por um almirante que entende ainda menos de medicina que o então ministro-general da Saúde, suspendeu os ensaios. Ordem de Bolsonaro? Sim, o presidente deixou isso claro ao dizer que obteve uma vitória sobre o governador de São Paulo, que havia comprado 46 milhões de doses da Coronavac para começar a vacinação em janeiro de 2021.

O Comitê Internacional Independente e o Conselho Nacional de Ética em Pesquisa recomendaram à Anvisa que autorizasse a retomada dos testes. A Agência não pôde negar. No final, a própria mãe do capitão recebeu a vacina chinesa.

Nas redes sociais, choveram posts pedindo o *impeachment* ou a interdição do presidente por insanidade mental. Os chamados bolsominions, para quem Bolsonaro é mito, responderam sem amor pela vida... dos outros: menos de 1 milhão de mortos será uma grande derrota dos esquerdistas. Não há um pingo de racionalidade nos apoiadores de Bolsonaro, com quem se identificam. Finalmente, o milhão poderá ser atingido...

No episódio vacinal, que serviu de pano de fundo à guerra que trava com o governador de São Paulo, João Doria, o capitão mostrou que ou é um "doido varrido", daqueles que andavam pelos antigos hospícios afirmando ser Napoleão ou Jesus, ou que tem um projeto genocida, cujo objetivo é matar o maior número possível de brasileiros. Se não for os dois. Neste caso, seria um louco genocida, nesta ordem, já que todo genocida é sabidamente louco.

Primeiro, Jair Bolsonaro disse que não iria se vacinar: "Eu não vou tomar a vacina, e quem quiser tomar que tome." Depois, afirmou que não haveria vacinas para todo mundo e que não incentivaria a vacinação por ser contra a obrigatoriedade.

Do alto da sua sabedoria, alertou para os perigos dos efeitos secundários: "Se você virar um chi... virar um jacaré, é problema de você, pô. Não vou falar outro bicho, porque vão pensar que eu vou falar besteira aqui, né? Se você virar super-homem, se nascer barba em alguma mulher aí ou algum homem começar a falar fino, eles (os laboratórios) não têm nada a ver com isso."

Por fim, às vésperas das festas de fim de ano, reafirmou, como negacionista que é, que o imunizante era desnecessário, que a pressa não se justificava, pois a pandemia estava chegando ao fim (no momento em que uma nova cepa do vírus era descoberta no Reino Unido e que o mundo inteiro adotava novas medidas de isolamento em face da explosão de casos de covid na segunda e terceira ondas). Em mais uma manifestação questionando a vacinação contra a covid-19, Jair Bolsonaro disse que não se sentia pressionado pelo fato de outros países terem começado a imunizar suas populações. "Não dou bola pra isso."

Suas palavras foram ouvidas por uma parcela da população, que relaxou ainda mais o uso de máscaras, o confinamento e o distanciamento social. Conclusão: nova explosão do número de casos.

A verdade é que o presidente da República, por negligência ou ignorância, não comprou as vacinas. Assim como não comprou seringas para a aplicação do imunizante. Bolsonaro, que riu de Maduro quando faltou papel higiênico na Venezuela, se viu sem seringas para dar as injeções que poderão salvar vidas.

E em março de 2021, quando o país bateu recordes de vítimas da covid, ironizou: "Eu lamento qualquer morte, mas parece que só morre gente de covid no Brasil. Outras pessoas estão morrendo por outras doenças porque ficam em casa com medo, com pavor. O vírus do pavor foi inoculado nessas pessoas. Chega de frescura e de mimimi, vão ficar chorando até quando?"

Numa coluna publicada no jornal *Folha de S.Paulo* – "Fritada de morcego no menu" –, o jornalista incontestavelmente de direita Elio Gaspari desafiou: "Ganha uma quem for capaz de mencionar uma fala de Bolsonaro que tenha contribuído para a saúde nacional na pandemia." Ninguém ganhou.

O COMPLOTISMO DO ITAMARATY

Em 4 de dezembro de 2019, numa conferência extraordinária da ONU sobre a pandemia do Sars-CoV-2, o ministro das Relações Exteriores brasileiro, Ernesto Araújo, mencionou a teoria de conspiração do Great Reset (grande recomeço ou zeragem), sobre a origem da covid-19.

Tuitou: "A pandemia não pode ser pretexto para controle social totalitário violando inclusive os princípios das Nações Unidas. As liberdades fundamentais não podem ser vítimas da covid. Liberdade não é ideologia. Nada de Great Reset."

O mito do Grande Recomeço é uma das muitas teorias da conspiração que circularam nas plataformas de extrema direita, alegando que a origem da pandemia é um "projeto secreto das elites corruptas com o fim de impor seu controle econômico e social às massas".

Em maio de 2019, a teoria tomou impulso após o fundador do Fórum Econômico Mundial, Klaus Schwab, anunciar a intenção de reunir líderes mundiais, num encontro denominado Great Reset, para discutir as mudanças climáticas e a reconstrução sustentável de economias prejudicadas pela pandemia. Isso deu margem a rumores de elites para impor controle econômico e social às massas.

Entre os que advogam o Great Reset está o movimento QAnon, surgido nos Estados Unidos em 2017, combinando várias teorias da conspiração; nasceu em fóruns da extrema direita americana na internet, onde um anônimo (QAnon) afirmava ter tido acesso a informações secretas de agências de segurança sobre um grupo liderado por uma elite corrupta de pedófilos satanistas, os quais sequestrariam e sacrificariam crianças.

O movimento ganhou uma versão brasileira, que se espalhou rapidamente entre apoiadores do presidente Jair Bolsonaro, em defesa dos valores cristãos e conservadores.

Por essas e outras, eu, que cheguei à França em 1978, afirmo com margem zero de erro que a imagem do Brasil na Europa nunca foi tão ruim, nem durante os anos negros da ditadura. O descrédito com relação ao Brasil é visível, dos meios oficiais à conversa de botequim. Bolsonaro é conhecidíssimo como um dos piores, senão o pior, chefe de Estado e governo do mundo.

Dos 193 países que integram a ONU, apenas 5 eram governados por indivíduos que, de diferentes maneiras, negaram a existência da pandemia: Belarus, Turcomenistão, Nicarágua, Estados Unidos e Brasil.

Em Belarus, o ditador Aleksandr Lukashenko qualificou de "histeria" a preocupação mundial com o coronavírus e garantiu que, para vencê-lo, bastavam duas coisas: vodca e sauna. Gurbanguly Berdymukhamedov, ditador do Turcomenistão, baniu a palavra "coronavírus". E não só na imprensa; a polícia local prendeu aqueles que ousaram empregar o termo, inclusive nas conversas entre amigos.

Na Nicarágua, o ditador Daniel Ortega patrocinou dezenas de festas populares de "comemoração da Páscoa", incentivando todos a se aglomerarem em locais públicos.

Paralelamente, no Brasil, o presidente Jair Bolsonaro saiu às ruas diariamente para conclamar as pessoas a ignorarem a doença. Pior: atacou até mesmo os médicos, que segundo ele estariam manipulando o número de infectados e mortos, provocando cenas de agressão aos profissionais da saúde. Aproveitou a onda de total irracionalidade para apoiar os ataques às instituições, do Congresso ao STF.

Enquanto isso, as democracias liberais, umas mais cedo e outras mais tarde, todas levaram o problema a sério e tomaram decisões com base na ciência, agiram com transparência e informaram as suas populações. Com maior ou menor rigor, maior ou menor sucesso, tomaram as medidas restritivas necessárias, sem coerção e dentro das regras democráticas. A única exceção foi a Suécia, cujo governo apostou na imunidade de rebanho, negando-se a confinar as pessoas. Consequência: o número de infectados e mortos foi muito superior ao dos demais países europeus. Os próprios suecos acabaram se autoconfinando. E o governo foi obrigado a adotar uma estratégia mais lógica na segunda onda.

Ao contrário do que a extrema direita global apregoa, em tempos de crise as democracias não são menos eficazes que as ditaduras. A eficiência não é uma questão de regime político. Em tempos de crise, como guerras ou pandemias, a concentração de poderes no Executivo é um fato.

Há, porém, duas diferenças: a primeira é que nos regimes autoritários esses poderes não são controlados pela sociedade e tendem a se perpetuar. Em democracia, os poderes de exceção são temporários e os mecanismos de controle do Executivo continuam a funcionar. É o parlamento que os autoriza e a oposição continua a fiscalizar o poder central.

A segunda é que em democracia a delegação de poderes repousa sobre algo essencial: a confiança dos cidadãos. Confiança de que os líderes farão bom uso dos poderes excepcionais, de que as decisões políticas serão orientadas pelos princípios científicos nas questões de saúde pública, pelos princípios éticos na distribuição dos recursos, quando são escassos (máscaras, luvas, ventiladores), e de que esses poderes excepcionais terminam quando acaba a emergência.

Essas são algumas das vantagens da democracia sobre os regimes autoritários em tempos de pandemia.

Por isso, ao contrário do que alegam as lideranças populistas e insistem certos cientistas políticos, os países governados pelos extremistas não são democracias e sim "ditaduras insidiosas", em que o único objetivo é a desconstrução. Seus próceres se aproveitam da pandemia para bombardear o Estado de Direito e, portanto, a democracia.

DEPOIS DE AMANHÃ, O ECOSSOCIALISMO

O dia depois de amanhã começa a ser construído hoje e pensar nele é uma exigência.

Nada ficará como antes no dia depois de amanhã. A esta crise sanitária segue uma crise econômica e, simultaneamente, queiramos ou não, uma crise de modelo de sociedade.

Nas democracias, de esquerda como de direita, está claro que é preciso repensar a globalização, o livre comércio, o liberalismo, as desigualdades, os modos de consumo, o peso da demografia, as migrações e o equilíbrio necessário do planeta.

Numa recente entrevista ao jornal de esquerda *Libération*, um deputado francês de centro-direita dizia que "não se pode evitar a interrogação sobre o liberalismo... a ideia de que o dinheiro seria a única escala de valor e de que o Estado não tem mais nenhum papel a desempenhar".

Todos assistimos, aparvalhados, à caça às máscaras cirúrgicas, aos ventiladores e aos medicamentos produzidos em larga escala na China, cobiçados em tempo de penúria por governos e empresas de todo o mundo. Depois de amanhã, a dependência num setor tão sensível quanto a saúde não vai poder continuar.

O secretário-geral da Organização para a Cooperação e Desenvolvimento Econômico (OCDE), Ángel Gurría, evocou um "*New Deal*" planetário, à semelhança do que fez o presidente Roosevelt nos Estados Unidos para tirar o país da grande depressão, após o *crash* de 1929.

É preciso notar, contudo, que o cenário internacional mudou e que as organizações internacionais viraram de cabeça para baixo. A ONU teve um papel secundário, mas a OMS se constituiu como referência para a maior parte dos Estados. No nível europeu aconteceu algo semelhante: enquanto a resposta dos órgãos políticos da União Europeia (UE), a Comissão e o Conselho, foi insuficiente e controversa, a do Banco Central Europeu (BCE) foi inicialmente deficiente, mas depois corrigida. Do BCE, em última instância, dependeu a sobrevivência do euro, cuja implosão poderia ser um golpe mortal do coronavírus.

Na Europa, multiplicam-se os apelos à criação de "um novo mecanismo de mutualização da dívida, à aquisição compartilhada de produtos sanitários de primeira necessidade... e à preparação de um grande plano de choque para que a recuperação do continente seja rápida e sólida", como escreveu o chefe do governo espanhol Pedro Sánchez em jornais europeus.

Perante a avalanche da dívida que se avizinha em quase todos os países, há quem pretenda um regresso ao passado no mais breve tempo possível. Com os planos que estão a ser postos em prática para manter a economia, o endividamento dos Estados será colossal e os credores - leia-se mercados financeiros - não estão dispostos a exigir o reembolso. Só que não será mais possível voltar ao passado sem levar em conta a urgência dos novos desafios. O que temos diante de nós é um campo em ruínas.

Mesmo assim, existe a tentação para um regresso ao "*back to business*", de preferência com uma forte taxa de crescimento.

Na esquerda francesa, são muitos os que consideram que o que esta crise demonstra é a ruína do atual modelo, e a grande maioria aponta o dedo em direção da globalização, do comércio mundial causador das mudanças climáticas e das alterações de inúmeros ecossistemas. Surge a reflexão da necessidade de se repensar tudo, até mesmo a ideia de crescimento, paradigma em que se incluem a possibilidade de um salário universal, impostos pesados sobre o capital, redução do tempo de trabalho, novas formas de consumo, anulação das dívidas financeiras dos países do sul etc.

O dia depois de amanhã começa a ser construído hoje e pensar nele é uma exigência. O futuro tem nome: ecossocialismo, que surge como alternativa política, social e ecológica ao capitalismo.

A SAÍDA PELA ESQUERDA

Como o próprio nome diz, o ecossocialismo é uma corrente de pensamento e de ação ecológica que empresta ao marxismo seus fundamentos, abandonando o produtivismo e o consumismo. Para os ecossocialistas, a lógica do mercado, hoje combalida pela pandemia, é incompatível com as exigências de salvaguarda do meio ambiente. Ecologia e capitalismo seriam, portanto, inconciliáveis, na medida em que a expansão do capital, através do aumento dos lucros, vai de encontro aos recursos limitados do planeta.

Como escreveram Matthieu Le Quang e Tamia Vercoutère, em *Ecosocialismo y buen vivir: diálogo entre dos alternativas al capitalismo*, a promessa de justiça baseada no crescimento e na acumulação infinita do capital não resiste aos desastres sociais e ambientais.

O ecossocialismo, que era até ontem "apenas" uma tentativa de resposta alternativa às soluções dominantes nos debates internacionais sobre o aquecimento climático, com a pandemia tornou-se uma porta de saída muito mais ampla para esta e outras crises futuras.

Seus defensores consideram que o "capitalismo verde" não pode ser visto como uma alternativa, na medida em que não coloca em questão os modos de produção e de consumo, principais causas dos problemas climáticos. O capitalismo, mesmo de sensibilidade ecológica, seria portanto altamente predador.

A crise financeira de 2008 nos lembra de que a história do capitalismo é semeada de crises de dimensão variável. A instabilidade faz parte do sistema, é essencial para que o capitalismo se reproduza, se transforme e se adapte às novas condições. Até agora foi essa flexibilidade que assegurou a sobrevivência do modelo. No entanto, temos hoje uma soma de crises que provocam o seu esgotamento: ambiental, pandêmica, energética, alimentar, climática, cultural, econômico-financeira, o que alguns estudiosos chamam de "ruptura civilizacional integral".

A humanidade vive hoje atormentada por essas múltiplas crises, cujos fios condutores encontramos na força motriz da destruição social e ambiental: o capitalismo. O sistema se exauriu.

Num artigo publicado no jornal *Público*, em 1° de abril de 2020, João Camargo, investigador em alterações climáticas, comentou que a crise do capitalismo é uma espécie de

> ensaio geral para o colapso civilizacional associado à degradação das condições ambientais e materiais criada pelo sistema de produção e distribuição baseado na acumulação do capital, no roubo da mais-valia do trabalho, na extração, destruição e degradação dos recursos da natureza. É a versão neoliberal que atravessa neste momento a crise orgânica e final: as instituições do capitalismo global, sejam a finança, as multinacionais, os governos que gerem as suas seções

> nacionais e os seus partidos políticos, estão tão desprestigiadas quanto os resultados da sua governação e planificação econômica. Aquilo que têm para mostrar é austeridade, degradação social e moral sem precedentes e destruição ambiental sem paralelo na história da nossa espécie. Defendem isto apregoando crescimento econômico, apregoando PIB e consumo supérfluo, aplaudindo mesmo quando a destruição do que não tem valor "gera capital". Constroem o seu sucesso sobre montanhas de ossos e cinzas.

O capitalismo é gerador de necessidades ilusórias para rentabilizar os investimentos e maximizar os lucros, em detrimento da coletividade e da natureza. O aquecimento climático já tinha escancarado o individualismo, o crescimento das desigualdades, os efeitos negativos da globalização. A pandemia universalizou o problema.

Segundo o filósofo francês André Gorz, a melhor maneira de sair da escravidão do mercado todo-poderoso passa por "produzir o que consumimos e consumir o que produzimos". Em outras palavras, é preciso voltar a uma vida mais simples, longe do mito da abundância. Isso vale tanto para o combate ecológico como para a construção do mundo pós-pandêmico.

De acordo com os ecossocialistas, a crítica do modo de consumo deve acompanhar a da produção, sem se limitar à luta contra as desigualdades na divisão das riquezas (o que faz o socialismo). É preciso simultaneamente respeitar a natureza e os ciclos produtivos.

A felicidade (ou o melhor sistema para o homem) no conceito ecossocialista responde à relação entre as necessidades e as condições que tornam possível sua satisfação. À satisfação das necessidades humanas deve corresponder o respeito dos recursos disponíveis.

Existe um debate no movimento ecossocialista a fim de saber se Marx e Engels tinham desenvolvido uma análise ecológica do mundo.

John Bellamy Foster responde pela afirmativa e fala em uma ecologia de Marx. Outros, no entanto, dizem que o grande erro de Marx foi exatamente o de não ter pensado a relação entre o homem e a natureza.

Para o espanhol Jorge Riechmann, poeta, tradutor, ensaísta, matemático, filósofo, ecologista e doutor em Ciências Políticas, só uma transformação radical do modelo, ou seja, o fim do capitalismo, pode barrar a destruição ecológica em curso. Essa transformação corresponde ao ecossocialismo.

Há, portanto, uma vontade de refundar o socialismo, levando-se em conta a ecologia liberada do produtivismo.

O ecossocialismo se posiciona como o herdeiro de uma longa tradição socialista, mas procura aprender com os erros do passado, particularmente com o "socialismo real", ou seja, com a tentativa de aplicação das teses marxistas na ex-União Soviética.

Da mesma maneira que a urgência pandêmica, a urgência ecológica não pode deixar de lado as grandes desigualdades sociais.

O desafio planetário desse processo de transformação radical das relações dos homens entre si e com a natureza é o que os ecossocialistas chamam de "mudança de paradigma civilizacional", que concerne o aparelho produtivo, os hábitos de consumo, o habitat, a cultura, os valores, o estilo de vida.

Para eles, a porta de saída da crise sanitária se situa nessa perspectiva ambiciosa de mudança da sociedade, ecológica, social e democrática.

O sociólogo franco-brasileiro Michael Löwy, professor da École des Hautes Études en Sciences Sociales de Paris, lembra que o ecossocialismo implica uma ética democrática na qual as decisões importantes sobre o futuro da sociedade dependerão da comunidade como um todo e não da oligarquia, do mercado nem de um Politburo. Decisões essas que seriam tomadas pelos cidadãos após um debate pluralista, de onde surgiriam propostas e opções diferentes.

Löwy reconhece que para a transformação da sociedade atual será necessária uma revolução das mentalidades, o que demandará tempo; o tempo das revoluções, assim anunciadas por João Camargo:

> Com a crise do coronavírus, precipita-se outra fase da desglobalização e da crise orgânica do capitalismo neoliberal: a ascensão da imprescindibilidade dos serviços públicos, o resgate das economias inteiras, o colapso de boa parte da economia inútil, das rendas e dos juros, das transações financeiras, do turismo de massas, da importação e exportação sem outra orientação que a obtenção de lucros. Setores inteiros da economia capitalista não se levantarão na próxima década.
>
> Uma sociedade ecossocialista basear-se-á na racionalidade ecológica, na propriedade coletiva dos meios de produção, no planejamento democrático da produção para a definição dos investimentos e dos objetivos produtivos com vista à satisfação das verdadeiras necessidades da humanidade. A solução não é uma limitação "geral do consumo", mas sim uma mudança do consumo, da ostentação, do desperdício, da alienação e da acumulação que prevalecem na ordem capitalista. Neste sentido, as reformas são insuficientes, porque não conseguem substituir a prioridade dada ao lucro pela necessidade de colocar o social e o ecológico na frente. Para isso é preciso mudar a História, para isso é preciso uma, muitas revoluções.

Essencial nesse caminho, segundo Jorge Luis Acanda, doutor em Ciências Filosóficas pela Universidade de Leipzig e professor do Departamento de Filosofia da Universidade de Havana, será a construção de uma contra-hegemonia cultural e artística, que permitirá modificar os modos de produção e consumo.

Se a pandemia nos ensinou algo é que o ser humano é capaz de mudar o seu comportamento de um dia para o outro. Isso é algo que deve ser totalmente reconhecido e orientar nossas ações ao enfrentar a crise climática. Mais do que nunca, tornou-se claro que a economia e o meio ambiente podem e devem caminhar juntos. União e cooperação são geralmente as respostas para resolver grandes emergências e desta vez não é diferente. Devemos utilizar este momento sem precedentes para introduzir as mudanças que nos permitirão restaurar a saúde do homem, dos nossos ecossistemas e reverter a crise climática. É uma oportunidade inesperada para que se garanta um futuro sustentável.

Os importantes pacotes de estímulos e resgates financeiros irão fornecer o alívio necessário para evitar o colapso de algumas empresas e indústrias gravemente atingidas, e para proteger os bilhões de trabalhadores que correm o risco de perder o emprego.

No entanto, ao dar os primeiros passos para voltar ao normal, devemos garantir que reconstruímos uma economia mais resistente às pandemias, como a covid-19, e a outras ameaças, a começar pelas alterações climáticas, que batem às nossas portas.

O ecossocialismo exige engajamento, pois a crise orgânica do capitalismo neoliberal terá de ser transformada na crise final do capitalismo e isso não ocorrerá por omissão, somente por ação.

OS ESTERTORES DO NEOLIBERALISMO

A ex-diretora-geral do FMI, hoje presidente do Banco Central Europeu, Christine Lagarde, alertava em 2017 para o fato de que, pela primeira vez, assistimos à diminuição do nível de vida das classes médias simultânea ao agravamento das desigualdades nos países centrais: Estados Unidos, China, Alemanha. Os fóruns internacionais davam o sinal de alerta, preocupados com "a inclusão dos povos na globalização". Para o historiador e filósofo Marcel Gauchet, estamos nos estertores do ciclo neoliberal.

O Fórum Econômico Mundial de Davos, durante muito tempo considerado o templo da "globalização feliz", lançou um alerta, em janeiro de 2019, pela "remoralização da globalização". O fundador do Fórum, Klaus Schwab, insistiu na necessidade de lutar contra a fadiga das democracias e "rearmar" os cidadãos.

As classes populares se sentiam ignoradas; os parlamentares estavam desacreditados; o cidadão se considerava traído ou mal representado pela classe política. Daí a necessidade de criar novas instâncias, novas instituições, outras formas de participação, para que as pessoas possam se expressar e exercer, entre duas eleições, um poder de proposição e de controle. Hoje, em meio à pandemia, essa necessidade é maior do que nunca.

Diante da forte erosão dos partidos tradicionais, como os democrata-cristãos, os socialistas, os liberais, é essencial que as democracias não baixem a guarda e aprendam a lidar com os populistas que nos governam. A democracia representativa tradicional está doente. E mais do que nunca precisa se fortalecer e se reinventar para sobreviver. As elites intelectuais têm enorme dificuldade em aceitar a realidade, enquanto as elites financeiras preferem, simplesmente, ignorá-la em benefício próprio. Vão empurrando com a barriga e distribuindo dividendos.

Samuel Hayat, pesquisador do Centro Nacional de Pesquisa Científica da França (CNRS), no ensaio *Démocratie*, criticou de maneira contundente a democracia representativa, argumentando que a legitimidade das urnas não é suficiente. Para Hayat, se o povo é uma assembleia de cidadãos, não se deve esquecer que também existe uma "plebe", ou seja, um grupo de homens e mulheres social e economicamente dominados, que reivindica participar ativamente do "pensar a democracia".

"A plebe", diz ele, "é o povo em sua acepção social". As revoltas dos últimos anos tiveram motivos sociais: contra os impostos que pesam sobre os mais pobres na França, contra o aumento do preço dos transportes no Chile. São insurreições da plebe. "A plebe quer tirar a democracia de sua subordinação oligárquica, deixando para trás o regime representativo para entrar na democracia real."

A se acreditar na socióloga e politóloga francesa Dominique Schnapper, membro do Conselho Constitucional, "é extremamente preocupante o questionamento dos princípios fundamentais da democracia representativa, a saber, a legitimidade da eleição por um lado e de outro o respeito do Império da Lei, que garante as liberdades públicas".

De acordo com Schnapper, a reivindicação dos chamados coletes amarelos por uma democracia direta, total, imediata e contínua não dá certo. "A democracia representativa, com todos os seus limites e defeitos, é o único modelo que até hoje funcionou."

O movimento, surgido de forma espontânea na França em outubro de 2018 contra o aumento da taxa sobre combustíveis, acabou sendo infiltrado pelos extremos, tornou-se violento e fez dos ataques contra Emmanuel Macron e as instituições democráticas sua principal reivindicação.

Nossa democracia, contestou o pesquisador do Institut de Relations Internationales et Stratégiques (IRIS), Béligh Nabl, num debate público sobre democracia organizado pelo jornal *Libération*, é a democracia da desconfiança, na qual os governos são acusados de incompetência, impotência, imoralidade e não representatividade. "Essa fratura democrática se traduz na recusa maciça de participar do jogo eleitoral, como mostra o fenômeno da abstenção, que provoca um déficit de representatividade das nossas instituições, o que por sua vez alimenta a incompreensão entre governantes e cidadãos."

Durante a greve liderada pelos sindicatos franceses contra a reforma da Previdência, no final de 2019, começo de 2020, uma pesquisa de opinião mostrou que 40% das pessoas consideravam normais e até válidos o uso da violência, atos de sabotagem e bloqueio do país.

Sob o argumento de que a violência é a única maneira de se fazer ouvir, em meados de janeiro de 2018 um punhado de advogados contrários à reforma previdenciária entrou nos tribunais com pedido de soltura de centenas de criminosos (inclusive terroristas). Foram 400 demandas só em Marselha, sul da França. Incapazes de examinar tantos pedidos, os magistrados se viram na situação extrema de serem obrigados a libertar alguns condenados.

Em outro protesto, contra a reforma do exame de fim do ensino médio, algumas dezenas de professores jogaram os livros escolares no chão, à entrada dos colégios, obrigando os alunos a pisoteá-los para entrar na sala de aula. Das mais de 400 instituições de ensino existentes no país, apenas 4 estiveram bloqueadas pelos manifestantes, mas estas foram as imagens que todos viram nos telejornais.

Consequência: 77% dos eleitores se declaravam determinados a votar nos candidatos dos extremos nas próximas eleições e 56% estimavam que a neofascista Marine Le Pen poderia vir a ser a próxima presidente da República.

Não passa um dia na França sem que alguns polemistas de inspiração ultranacionalista deixem de atacar a pretensa ditadura da *intelligentsia* progressista. Surgiu nos últimos anos um verdadeiro nacional-populismo midiático, que critica ininterruptamente a "mania" das elites de defender os direitos humanos. Denunciam-se o "*islamo-gauchisme*", o politicamente correto, o feminismo, a "tirania do arrependimento" com relação às ex-colônias francesas, o marxismo cultural. O liberalismo político passou a ser execrado por essa pequena, porém extremamente ativa, parcela da esfera midiática.

DA PANDEMIA NÃO SE FOGE

Além das reflexões que fizemos até aqui, há outras tantas a se levar em consideração após a pandemia da covid-19: sobre o que vem, sobre o que deveria vir e sobre o que desejamos que venha.

Vivemos dias estranhíssimos nessa pandemia inédita, no entanto as questões que emergem são as mesmas de outras tantas crises: o medo da morte, quem salvar, o poder do Estado, a solidariedade, o confronto com nós mesmos, as marcas que vai deixar, se a seguir virá um "mundo novo".

Professores de Filosofia e bioeticistas (especialistas em bioética) portugueses reuniram-se para tentar responder a essas indagações. Para uns, não haverá um "mundo novo" depois da pandemia. Para outros, haverá mudanças tangíveis. Não há, portanto, nem haverá, uma resposta única, nem sequer consensual. A essas opiniões acrescentamos outras.

Ao optar pela negativa, a filósofa Maria Filomena Molder, professora na Universidade Nova de Lisboa, apelou para a História:

> Entre 1918 e 1919, nos acampamentos de guerra, a pneumonia deixou 100 milhões de mortos, sobretudo jovens adultos. Depois o mundo ficou muito diferente do que era? O nazismo forjou-se na década seguinte, tendo o horror dos seus efeitos durado pelo menos até 1945. Nos anos seguintes, o mundo ficou muito diferente?

Igualmente cético, António de Castro Caeiro, professor de Filosofia Antiga e Fenomenologia, também na Universidade Nova, usou uma fórmula crua: "As pandemias existem desde as *Historiae* de Tucídides, livro II. Enquanto estiver viva, a pandemia cria ansiedade, muda os comportamentos, é como o dia seguinte de relações desprotegidas ou uma bebedeira. Afinal, dilui-se com o tempo."

No ensaio "Angústia da Morte Absurda", o moçambicano José Gil, professor do Collège International de Philosophie, de Paris, defendeu que esta crise é uma advertência do que nos espera com as alterações climáticas: "Não haverá um mundo novo, apenas um mundo em conflito com forças e motivações novas."

Em contraposição, Maria Luísa Portocarrero Silva, catedrática da Universidade de Coimbra, especialista em Fenomenologia Hermenêutica e Ética Aplicada, acredita que a nossa maneira de estar no mundo vai mudar. "Temos vivido sob o paradigma estrito da eficácia e rentabilidade. Viveremos a partir de agora uma situação semelhante à de um pós-guerra." Filosoficamente, "isto implica uma tomada de consciência da nossa finitude e da condição falível do ser humano, apesar dos grandes progressos da ciência. Ontem se pensava na eternidade, hoje, em face da pandemia, se pensa na morte".

O filósofo alemão Hans Jonas indica, em *O princípio da responsabilidade,* a urgência de uma nova ética apropriada à civilização tecnológica.

O francês Bruno Latour, filósofo da ciência, autor de *Jamais fomos modernos,* defende que não voltemos ao estado anterior à pandemia, quando reinavam o consumismo e a superprodução. Para ele, os globalistas se aproveitarão da crise para voltar com força total, ignorando os alertas climáticos.

João Cardoso Rosas, professor de Filosofia Política da Universidade do Minho, aposta num "novo mundo" pós-crise da covid-19:

> É um acontecimento único nas nossas vidas e na História mais longínqua. A globalização faz desta epidemia um evento global. Noutros momentos de acentuada entropia social - epidemias, catástrofes naturais e guerras -, as zonas de crise eram circunscritas e permitiam sempre a fuga a partir de dentro ou o auxílio a partir de fora. No nosso caso, a crise está em todo o lado e por isso não há fuga possível nem auxílio externo suficiente.

Em termos políticos, porém, se nesta primeira fase, continua o professor, "assistimos ao reforço do Estado e à popularidade dos líderes capazes de tomar decisões, quando a crise sanitária for minimizada e o aspecto mais relevante for a crise econômica, o mais provável é que, como sempre acontece após uma guerra externa, muitos líderes terão de sair de cena". Vide exemplo de Winston Churchill.

Há hoje, no entanto, o risco de uma deriva autoritária, caso as democracias não tenham sucesso no combate.

Outra marca política, segundo Cardoso Rosas, será a "tendência paradoxal" para o unilateralismo, em vez do multilateralismo e da cooperação internacional, o que seria lógico após uma pandemia global.

Segundo o uruguaio Andrés Malamud, da Universidade de Lisboa, podemos estar a caminho de um mundo dividido, não entre liberalismo e autoritarismo, mas entre algo tipo "*Mac e PC*", no qual ficar de fora ou jogar no meio não seja uma opção. A opção por qualquer um dos dois tem seu preço, porque os Estados Unidos continuarão a controlar a divisa global, enquanto a China definirá preços e decidirá investimentos.

Esta crise deixará patente a importância da intervenção do Estado na economia, mas daí a se acreditar no advento de um Estado social... "Infelizmente, as outras crises - pelo menos desde 1929 - nos ensinam que um fato dessa importância acaba sendo 'esquecido' a partir do momento que o pior passa."

O filósofo sul-coreano Byung-Chul Han aposta que o capitalismo sairá fortalecido dessa crise. Ele aponta também uma mudança na ideia de soberania, que hoje só tem quem dispõe de dados. E no caso, a Ásia. Segundo ele, a China poderá vender ao Ocidente o seu Estado policial digital.

"O resultado mais provável é que um novo capitalismo bárbaro prevalecerá", conclui o filósofo esloveno Slavoj Žižek em seu ensaio *Pandemic* sobre a crise atual, embora torça para um novo comunismo.

Mais do que nunca, salienta o politólogo holandês especialista em extremismos e populismos Cas Mudde, professor da School of Public and International Affairs da Universidade da Geórgia e da Universidade de Oslo, é hoje fundamental conhecer a História e usar a Filosofia como instrumento de pensamento para analisar a realidade, debatê-la, clarificá-la, caracterizá-la, defini-la e agir tanto coletiva como individualmente.

O discurso dos ultradireitistas é discriminatório e autoritário. Eles entram no jogo eleitoral para chegar ao poder e então destruir a democracia.

Além das questões políticas e econômicas que a pandemia nos impõe, os filósofos se colocaram outras interrogações pessoais profundas na esteira da crise. Dentre elas, o medo da morte, que todos nós sentimos num momento qualquer da covid-19.

"O medo da morte é indefensável e irracional", diz Desidério Murcho, autor de *A existência de Deus: o essencial*. "O medo de morrer em sofrimento é racional, mas isso deve-se ao sofrimento e não à morte. A morte, em si, é tão irrelevante quanto os imensos séculos em que ainda não existíamos – e que não nos incomodam minimamente." E conclui o especialista em Filosofia Antiga, António de Castro Caeiro: "Mal nasces, começas a morrer."

"Não acredito que um número significativo de pessoas seja capaz de sair do seu medo irracional da morte", responde Murcho. "Ao contrário do que afirmou Aristóteles, os seres humanos não são racionais. Alguns são capazes de exercer a racionalidade, com esforço, mas isso é muito diferente de dizer que os seres humanos são racionais."

É por causa disso, como diz Cardoso Rosas, que, numa crise como esta,

> dificilmente os governos poderão deixar de ter em conta a pressão da opinião pública, pois ela reflete o medo da morte que, como nos ensinou Thomas Hobbes, é a paixão política fundamental. Os governos têm de dar respostas ao medo e ao pânico que dele deriva. Isso acontece de forma mais rápida nos regimes democráticos, mas acaba por acontecer também em regimes autocráticos, como na China. O pânico social tem de ser levado em conta por qualquer governo.

Bernard-Henri Lévy, o midiático filósofo francês, foi um dos primeiros a escrever sobre a pandemia; publicou *Este vírus que nos enlouquece*.

Questionado sobre se a pandemia pode ser entendida como uma possibilidade de rever os moldes do comportamento humano, como disseram vários responsáveis políticos, respondeu, como se deve a um judeu, com outra pergunta: "Qual revisão?"

Disse ainda:

> Por enquanto vejo o retorno das fronteiras. A cacofonia na Europa. A ascensão do egoísmo e assim por diante... O confinamento, em outras palavras, provavelmente era necessário. Mas como um mal necessário, como uma medida essencial porém ruinosa para a economia, angustiante para os indivíduos e um desastre para as sociedades.
>
> [A questão da fome no mundo, cujas vítimas] foram multiplicadas por dois, ou até três, os sem-teto, a quem lhes é dito "fiquem em casa", quando não têm "casa", os refugiados dos campos da ilha grega de Lesbos, que nunca foram tão numerosos e tão completamente ignorados.

Há países, na África por exemplo, onde quase não há covid, mas onde essa fixação obsessiva obscurece completamente as pragas, a cólera, a varíola, a dengue, a febre amarela, que não são testadas nem tratadas; sem falar da Nigéria, onde há menos vítimas da covid que pessoas baleadas pela polícia por terem rompido o confinamento; ou Moçambique, onde o autoproclamado Estado Islâmico está ganhando terreno em meio à indiferença quase geral.

Para Bernard-Henri Lévy, "Este vírus que nos enlouquece" se transformou no vírus do medo:

> O medo é um problema, sim. Primeiro, porque é absurdo: esta pandemia tem precedentes; segundo porque ainda haverá muitas outras; terceiro, este vírus é menos letal que outros; quarto, acima de tudo, o medo é um sentimento negativo que nos faz perder a cabeça.
>
> O mais impressionante é a forma, muito estranha, como reagimos, o medo que se abate pelo mundo paralisa os mais ousados.
>
> Uma pandemia é uma pandemia. Não é uma guerra e não há mais guerra biológica.

A MORTE VOLTA À MESA

Pelo menos desde Platão, "a morte é um tema central na filosofia", segundo Constâncio. Daí a dizer que essa reflexão ajuda a domar o medo da morte e conduz a uma afirmação da vida há um abismo.

Maria João Mayer Branco apelou para Kant: "Sabemos todos que somos mortais, que somos finitos, que vamos morrer", mas convivemos "com a tese oposta, a de que a nossa alma é imortal, de que não morremos", e "não temos ideia do que é que isso significa. A morte é o limite que nos separa uns dos outros, o que é comum a todos nós, o nosso 'leito comum', como escreveu Sófocles - perante a morte, somos todos iguais, somos todos mortais".

Continua a filósofa:

> Cada morte é irredutivelmente singular, cada um de nós morre sozinho. Os humanos são os únicos que sabem, desde muito cedo, que vão morrer. Isso nos distingue dos outros seres vivos. Quando a morte deixa de ser uma abstração, uma possibilidade remota ou teórica, começa a preparação para a morte de que falava Platão, o exercício filosófico de viver com essa possibilidade diante de si, de confrontá-la, de ponderá-la, de pensar diariamente nesse impensável que pode estar ao virar da esquina — e não apenas quando um vírus nos ameaça.

Como a Filosofia nos ajuda neste confronto com nós mesmos? Maria Filomena Molder, membro do Conseil Scientifique du Collège International de Philosophie, responde:

> Há na filosofia quem nos ajude. Por exemplo, Montaigne (que não quis ser olhado como filósofo), Nietzsche ou Wittgenstein, que de si próprios fizeram experimentos. Ou ainda Pierre Hadot, em *Não te esqueças de viver*. No título está inserido um programa de iniciação à vida que se desdobra num conjunto de exercícios espirituais: 1) Atenção ao presente (a coisa mais difícil); 2) Distanciar-se, inventar um pequeno intervalo entre mim e a minha vida; 3) Alargar o ponto de vista, evitar a parcialidade satisfeita; 4) Imaginar a leveza, isto é, exercitar a esperança.

A António Caeiro deixamos a palavra final: "Só quem é intrinsecamente livre sobreviverá, quem quis 'ter' coisas perceberá que é pobre."

EDGAR MORIN: APRENDER A VIVER NA INCERTEZA

"No período nazista pouquíssimos foram aqueles que pensaram por si próprios, aplicaram o imperativo categórico kantiano dos princípios morais, que devem ser observados incondicionalmente, e souberam distinguir o bem do mal, agindo de acordo."

Hannah Arendt

Confinado como todos nós, em sua casa em Montpellier, sul da França, o filósofo Edgar Morin, 98 anos, continuou fiel à sua visão global da sociedade. Lúcido como poucos, ele responde a quem o procura virtualmente, como eu, e tira as suas primeiras conclusões da pandemia:

1. precisamos aceitar que a ciência não é indiscutível e que devemos aprender a viver na incerteza;
2. precisamos recuperar o humanismo;
3. a globalização fracassou;
4. temos de nos livrar do neoliberalismo;
5. devemos estar preparados para outras catástrofes.

O que mais surpreendeu Edgar Morin nestes tempos conturbados foi o fato de que a maioria esmagadora das pessoas esperou da ciência um conjunto de verdades absolutas, de afirmações indiscutíveis, um catálogo de dogmas. Na França, os cidadãos se sentiram seguros quando o presidente da República se cercou de um Conselho Científico no Palácio do Eliseu. Rapidamente, contudo, percebeu-se que esses eminentes cientistas tinham pontos de vista diferentes, às vezes até contraditórios sobre as medidas a serem tomadas, sobre os remédios à emergência. As controvérsias incutiram as dúvidas. As ciências vivem e progridem pela controvérsia. Foi assim com relação à aids, nos anos 1980, foi assim com a cloroquina. Karl Popper dizia que uma teoria científica só é válida se for refutável.

A ciência, como a democracia, é uma realidade humana, repousa sobre debates de ideias, embora seus métodos de verificação sejam mais rigorosos. As teorias científicas não podem ser vistas como dogmas.

Esse vírus nos lembra de que a incerteza é um elemento inexpugnável da condição humana.

"Vivre, c'est naviguer dans une mer d'incertitudes, à travers des îlots et des archipels de certitudes sur lesquels on se ravitaille..." (Viver é navegar num mar de incertezas, através de ilhotas e arquipélagos de certezas nos quais nos servimos.)

Nós precisamos aprender a aceitar e a viver com essas crises, embora nossa civilização nos tenha inculcado a necessidade de certezas sobre o futuro.

As crianças questionam os pais: "Quando tudo voltará a ser como era antes?" Desde que o coronavírus se instalou temos de lidar com as incertezas humanas. Isso é o mais difícil; queremos prazos, respostas imediatas, queremos voltar a fazer planos. Aprender a aceitar e conviver com as incertezas é uma carta fora do baralho. Temos que ensinar também as crianças e os jovens a enfrentar as incertezas.

O mais extraordinário na visão de Morin é que ele admite de forma tranquila que não sabemos quase nada sobre o vírus, muito menos sobre as consequências da pandemia. "A crise do coronavírus deveria incitar nossa imaginação criadora, nos tirar das nossas bolhas em busca de um '*New Deal*' capaz de nos livrar do neoliberalismo em todos os níveis. O importante é que possamos superar os erros cometidos."

Nosso sistema, fundamentado na competitividade e rentabilidade, teve graves consequências sobre as condições de trabalho. A prática maciça do teletrabalho poderá contribuir para mudar o funcionamento das empresas, hoje ainda excessivamente hierarquizadas e autoritárias. A pandemia poderá vir a acelerar o retorno à produção local (indispensável) e ao comércio de proximidade, tomara.

Do ponto de vista alimentar, temos uma ocasião única de nos desfazermos da cultura industrial, cujos vícios conhecemos, e nos desintoxicar.

> A crise comprovou os limites da globalização. O coronavírus mostrou de forma irrefutável que se a globalização econômica e tecnológica criou interdependências múltiplas entre nações e pessoas, ela foi incapaz de criar solidariedade. Quando o vírus chegou, a primeira reação foi fechar as fronteiras. Hoje é preciso combinar globalização e "desmundialização".

Infelizmente, prossegue Edgar Morin, não podemos falar de um despertar da solidariedade humana ou planetária. Da Nigéria à Nova Zelândia, estivemos todos confinados, devíamos, portanto, nos dar conta de que nossos destinos estão ligados, queiramos ou não. Só quando nos conscientizarmos de que a humanidade tem uma comunidade de destino, poderemos pressionar os governos a agir de forma inovadora.

Enquanto isso, diz o filósofo francês, o momento exige a recuperação das verdades humanas reprimidas, "o que faz a qualidade de vida é o amor, a amizade, a comunhão, a solidariedade".

Morin faz uma pausa antes de citar seu interlocutor habitual, o psicólogo social Jonathan Haidt:

> Assim como as plantas precisam de sol, água e bom solo para prosperar, as pessoas precisam de amor, trabalho e conexão com algo maior. Vale a pena se esforçar para obter as relações certas entre você e os outros, entre você e seu trabalho, e entre você e algo maior que você. Se você acertar esses relacionamentos, um senso de propósito e significado surgirá.

A PANDEMIA MATA A DEMOCRACIA?

"No século XX, o fascismo e o comunismo ficaram fora de combate como alternativas à democracia liberal. Duas novas alternativas apresentam-se no século XXI: de um lado, a ineficiência utópica do populismo carismático; do outro, a eficiência distópica da autocracia digital. A democracia poderá ser menos utópica ou menos eficiente do que os seus rivais, mas continua a ser o único regime político que nos permite livrarmo-nos dos nossos governantes sem derramamento de sangue."

Karl Popper, ex-professor de Filosofia das Ciências

A pandemia não podia ter chegado em pior momento, num tempo de erosão do multilateralismo, com os autocratas procurando tirar proveito do medo das pessoas.

Normalmente, os estados de emergência e de exceção servem para tomar decisões rápidas, suspender artigos da Constituição e aplicar medidas draconianas para lutar contra um inimigo da melhor forma para o conjunto da sociedade. São medidas excepcionais para tempos excepcionais, que, no entanto, podem ser desvirtuadas e aproveitadas para tornar possível a erosão da democracia por quem está no poder.

Sinais mais do que visíveis já eram claros antes da covid-19, com os autocratas agindo para fragilizar as democracias com medidas autoritárias (vide *A Europa hipnotizada: a escalada da extrema direita*). Uma pandemia desta dimensão permite aos líderes populistas ultranacionalistas passar o ponto de não retorno, tornando permanente a suspensão temporária do respeito das liberdades individuais e coletivas.

Foi o que tentou fazer, por exemplo, Benjamin Netanyahu, primeiro-ministro israelense, que, apesar de não conseguir formar um novo governo após três eleições, aproveitou para tomar medidas que aprofundaram o pânico e colocaram em xeque a democracia de Israel. Bibi foi à televisão comparar-se ao comandante do Titanic, navegando por entre icebergs, enquanto deixava à deriva os outros poderes que deveriam controlar o Executivo.

Com a cumplicidade do presidente do Knesset (Parlamento), Yuli Edelstein, conseguiu suspender os trabalhos parlamentares por "razões de saúde pública", impedindo que uma nova maioria o afastasse do cargo. Netanyahu usou o vírus como desculpa para se manter no poder e conseguir, assim, se salvar de um julgamento por corrupção. Deu um golpe e enterrou temporariamente a democracia.

O governo israelense ainda aproveitou a situação para apertar ainda mais o cerco em torno dos palestinos e se fortalecer. Avisou os moradores de Nablus, na Cisjordânia, que o exército ia começar a arrancar dezenas de árvores na zona turística de Almasoudiya. Ghassan Daghlas, diretor palestino para as colônias israelenses no território, confirmou aos jornalistas que vários residentes na área receberam as notificações. Zona histórica, com monumentos antigos, algumas das suas oliveiras remontam ao tempo do Império Otomano, têm mais de 500 anos. O mesmo Daghlas já havia denunciado que colonos israelenses de Rahalim tinham cortado 50 oliveiras de terras palestinas na localidade de Al-Sawiya, ao sul de Nablus, em agosto de 2020. De acordo com o Gabinete de Coordenação de Assuntos Humanitários das Nações Unidas, só entre 3 e 16 de março os colonos vandalizaram cerca de 1.600 árvores em território palestino. As oliveiras são uma das principais fontes de renda da população local, que produz azeite; a sua destruição representa um duro golpe contra a frágil economia da Cisjordânia.

A pandemia agravou ainda mais a instabilidade crônica do Oriente Médio com a perseguição dos correspondentes da imprensa ocidental no Egito, Iraque, Síria, acusados de colocarem em dúvida as estatísticas oficiais. O regime de Bashar al-Assad esperou até o dia 3 de abril de 2020 para isolar o enclave iraniano de Sayvida Zeinab, no subúrbio de Damasco, que apresentava há semanas risco de contaminação. E não tomou nenhuma medida com relação aos campos de refugiados. Idem no Líbano e na Jordânia. Na Faixa de Gaza, controlada pelo Hamas, as parcas estruturas sanitárias não deram conta do número de doentes.

Em setembro de 2020, nos estertores do mandato de Trump, houve a alardeada assinatura dos acordos de normalização de relações entre Israel, Bahrein e Emirados Árabes Unidos, anunciados como um imenso sucesso, a ser porém relativizado.

Parte da imprensa judaica anunciou que em 25 dias Trump fez mais pela paz no Oriente Médio que todos os outros presidentes americanos em décadas.

Será mesmo? Vamos aos fatos.

Os Emirados Árabes Unidos e o Bahrein assinaram no dia 15 de setembro de 2020, na Casa Branca, em Washington, um acordo para normalizar relações diplomáticas com Israel, tornando-se assim o terceiro e o quarto países árabes a reconhecer o Estado judaico, após Egito e Jordânia. Logo depois, o Iêmen iniciou negociações com Israel.

Os acordos foram mediados pelo governo de Donald Trump, na busca desesperada de uma vitória na política externa para aumentar as chances de reeleição, já que o apoio a Israel é popular entre eleitores judeus e evangélicos americanos.

"Estamos aqui para fazer história. Esse é um grande passo para que pessoas de todos os credos e origens possam viver juntas em paz e prosperidade. Eles vão trabalhar juntos, porque agora são amigos", disse Trump na sacada da Casa Branca, decorada com bandeiras de EUA, Israel, Emirados Árabes e Bahrein.

Claro que a História, com H maiúsculo, se conta em diferentes versões e frequentemente os fatos nus não correspondem à realidade.

Infelizmente é o caso.

A própria cerimônia de assinatura mostrou a dimensão do acordo. Os Emirados Árabes e Bahrein estiveram representados por seus chanceleres e não por seus dirigentes, Zayed bin Sultan Al Nahyan e o rei Hamad bin Isa al-Khalifa. A única personalidade de primeiro plano presente era o primeiro-ministro israelense Benjamin Netanyahu, no papel de fantoche de Donald Trump, seu amigo. O toque de ironia veio do coronavírus, na medida em que não pôde haver o simbólico aperto de mãos. Aliás, não houve nem sequer o toque de cotovelos.

A segunda razão que explica a relativa desimportância dos acordos é o fato de que Bahrein e Emirados são países do Golfo sem peso geopolítico. Quem conta realmente na região é a Arábia Saudita, verdadeira força militar, econômica e político-religiosa regional, que, apesar de sofrer pressão de Washington para reconhecer Israel, tem resistido dizendo "não estar pronta" para adotar a medida.

O que é outra meia-verdade. O príncipe saudita Mohammad bin Salman bin Abdulaziz Al Saud já disse, tempos atrás, que Israel tinha o direito de viver em paz com os seus vizinhos árabes. E como se não bastasse, os sauditas permitiram que o voo que levava a delegação de Israel aos Emirados Árabes para negociações atravessasse o espaço aéreo do país. Foi a primeira vez na história que uma aeronave israelense sobrevoou a Arábia Saudita.

A resistência da monarquia a reconhecer Israel deve-se, entre outras razões, ao seu papel como sede das cidades sagradas do islã, sobretudo a Meca. O mundo muçulmano como um todo ainda não está preparado para reconhecer oficialmente Israel, sobretudo por causa da luta fraticida entre muçulmanos xiitas e sunitas.

Como disse Zaha Hassan, especialista do Fundo Carnegie para a Paz Internacional: "O Bahrein foi um prêmio de consolação oferecido aos EUA pela Arábia Saudita."

A terceira razão que não nos leva a festejar os acordos é que eles não trazem necessariamente a paz. Pelo contrário, podem aguçar o conflito.

O Irã qualificou a assinatura como uma "grande traição das causas palestina e islâmica".

Os tratados têm como pano de fundo a rivalidade entre a Arábia Saudita e o Irã, que travam guerras por procuração com Israel, Síria e Iêmen.

Os principais perdedores são, uma vez mais, os esquecidos palestinos. A única concessão que Netanyahu ofereceu ao anunciar o tratado com os Emirados Árabes foi suspender temporariamente os planos de anexação de territórios palestinos ocupados. Já o acordo com o Bahrein não teve nenhuma contrapartida relacionada à Palestina. Até pouco tempo, o consenso na região era de que relações diplomáticas com Israel só seriam estabelecidas após a criação de um Estado palestino.

A PALESTINA ESTÁ À VENDA, MAS NINGUÉM QUER COMPRAR

Trump disse à TV Fox News que o acordo vai forçar os palestinos a negociar, pois, caso contrário, serão "deixados de lado". Ora, os palestinos já foram deixados de lado há muito tempo, tanto pelo governo israelense quanto pela comunidade internacional e pelos próprios países árabes. Só são lembrados pelos fundamentalistas islâmicos nos países ocidentais, interessados em alimentar a violência e impor a *sharia*, inclusive através de atentados terroristas. E por alguns irredutíveis judeus de esquerda que militam no movimento Paz Agora.

O acordo não trará mais paz para a região, mesmo porque Bahrein e Emirados não estavam mais em guerra contra Tel Aviv.

A prefeitura de Tel Aviv projetou em sua fachada a palavra "paz" em hebraico, árabe e inglês: *shalom, salaam, peace.*

Enquanto isso, na Faixa de Gaza, os palestinos entoavam palavras de ordem como "a Palestina não está à venda". O problema é que mesmo se estivesse ninguém quer comprar.

O primeiro-ministro Benjamin Netanyahu demorou 12 horas para parabenizar Joe Biden.

A demora foi vista como um gesto de simpatia para com Donald Trump, que Netanyahu gostava de chamar de um "aliado especial", como de fato era. Trump transformou de modo radical a relação americano-israelense: mudou a embaixada dos Estados Unidos para Jerusalém, declarou-a capital de Israel sem nem sequer se referir à pretensão palestina, cortou verbas enviadas aos palestinos e mediou os acordos mencionados.

É então válido se perguntar o que vai mudar na relação americano-israelense. Provavelmente muito pouco, ao menos no que diz respeito ao conteúdo. Netanyahu e Biden se conhecem há quase 40 anos. O democrata é um forte defensor de Israel, que visitou em 1973, quando conversou com a primeira-ministra Golda Meir.

Durante a presidência Obama, com as relações bilaterais no seu ponto mais baixo, Biden disse a um dos conselheiros de Bibi: "Lembrem-se de que sou o vosso melhor amigo aqui."

Além disso, o presidente não será o único aliado na Casa Branca: a "vice" de Biden, Kamala Harris, é considerada ainda mais pró-Israel.

As decisões de Trump não deverão ser desfeitas, a embaixada deverá manter-se, bem como a reabertura do consulado americano em Jerusalém Oriental e também da missão palestina em Washington.

O que vai mudar? Talvez volte à mesa de negociações a solução de dois Estados, hoje descartada.

Para Israel, o mais problemático poderá ser uma tentativa de restabelecer o tratado nuclear com o Irã, afinal Biden participou do primeiro acordo e a medida faz parte de suas promessas de campanha.

ORBÁN, O DITADOR EUROPEU

É verdade que, muitas vezes, o chefe de um governo tem que tomar medidas impopulares, medidas duras para tempos difíceis. Devem ser proporcionais à ameaça e limitadas no tempo: acabam quando a ameaça acabar.

Viktor Orbán, a quem o ex-presidente da Comissão Europeia Jean-Claude Juncker chamou de "o nosso ditador", aproveitou para sufocar ainda mais a já combalida democracia húngara, aproveitando a ocasião para finalmente poder governar por decreto, indefinidamente, transformando desta maneira a democracia húngara numa ditadura de fato. Verdade que a Hungria já vivia sob o autoritarismo antes da pandemia, que apenas expôs o estado deplorável das liberdades. Orbán vem destruindo a democracia lentamente, pouco a pouco; como diz o professor de Harvard e coautor de *Como as democracias morrem*, Daniel Ziblatt: "As democracias já não caem com golpes e revoluções, mas sim com passinhos de bebê que destroem as instituições."

"É como as calhas nas fachadas das casas por onde escorre a água da chuva: se não as repararmos, enferrujam. Pensamos: Isto não tem grande importância, só está um bocadinho estragado, e não ligamos. Mas no momento em que surge uma crise, dizemos: Isto estava apodrecendo há dez anos. E cai tudo por terra."

É isso que acontece na Hungria: há dez anos que as instituições são desmanteladas a tal ponto que ficou fácil para Orbán anunciar, da noite para o dia, que vai governar por decreto.

Depois de esse decreto ser aprovado, Orbán pôde suspender a aplicação de determinadas leis, derrogar disposições legais e tomar medidas extraordinárias supostamente no interesse de garantir a estabilização da vida, saúde, segurança pessoal e material dos cidadãos, assim como da economia.

O que impedirá Orbán de mandar prender opositores quando criticarem o Executivo? O que impedirá o governo de considerar *fake news* qualquer informação divulgada sobre os seus erros e mandar prender o mensageiro? O que o impedirá de tomar gosto pela governança por decreto e assim ficar por tempo indeterminado?

Decretos como esse podemos encontrar ao longo da História, sempre depois de golpes de Estado. Acontece que o de Orbán não veio de golpe, foi se instalando pouco a pouco, minando por dentro o Estado de Direito, a exemplo do que fez o almirante Miklos Hórthy, regente da Hungria, que governou o país durante duas décadas e foi aliado de Adolf Hitler. O almirante é considerado por Orbán "um grande estadista".

O partido do primeiro-ministro da Hungria foi obrigado a abandonar a bancada do Partido Popular Europeu (PPE), depois de os deputados do grupo de centro-direita terem aberto a porta à sua expulsão.

A saída do Fidesz da maior bancada do Parlamento Europeu terá como consequência uma redução da influência de Orbán sobre Bruxelas, que o acusa de pôr em causa os valores defendidos pela União Europeia em relação ao Estado de Direito e aos direitos humanos? A pergunta está na mesa.

Orbán mantém uma relação especial com outros autocratas conhecidos: Vladimir Putin, que também foi minando por dentro os limites da Constituição da Federação Russa, mantendo-se no poder desde 2000, apesar dos limites de mandato. Putin aproveitou este tempo de pandemia para alterar a Carta Magna e assim permanecer no poder até 2036.

Seu outro amigo é o polonês Mateusz Morawiecki, chefe do governo nacionalista de ultradireita. Em 11 de novembro de 2020, no final de uma marcha do Dia da Independência, houve confrontos com a polícia nas proximidades do Estádio Nacional da Polônia, recentemente convertido em um hospital de campanha da covid-19. Milhares de pessoas se manifestaram pelo centro de Varsóvia em violação às regras para conter a pandemia, apesar de o país ter visto um número crescente de infecções pelo coronavírus, com o número total de casos mais do que quadruplicando em um mês. Morawiecki aproveitou a pandemia para restringir ainda mais o direito das mulheres ao aborto (a Polônia tem a legislação mais dura da Europa, similar à brasileira) e os direitos LGBT, além de apertar o cerco contra a imprensa independente. Com o objetivo de concentrar a mídia nas mãos do governo, a refinaria estatal da Polônia PKN Orlen adquiriu de seu proprietário alemão o grupo editorial Polska Press, responsável pela publicação de 20 jornais regionais, 100 revistas semanais e um jornal gratuito distribuído nas principais cidades.

O partido governista Lei e Justiça (PiS) declarou guerra às empresas de comunicação estrangeiras sob o argumento de que elas tinham influência excessiva na Polônia, distorcendo o debate público.

A compra do grupo editorial ocorreu no momento em que a Polônia e a Hungria bloqueavam a aprovação do orçamento da UE e do pacote de ajuda para os países afetados pela pandemia de coronavírus. Isso porque o bloco colocava como condição para o acesso ao dinheiro o respeito às regras democráticas do Estado de Direito.

Ambos os países têm sido acusados nos últimos anos de violações frequentes dos direitos humanos.

A PANDEMIA DITATORIAL DE JINPING

A pandemia abalou a imagem de Xi Jinping, que se elevou à condição de Mao Tsé-tung e Deng Xiaoping como um dos grandes timoneiros da República Popular, contornando os limites de mandatos que seus antecessores imediatos enfrentaram, para se perpetuar na liderança do Partido Comunista da China e do Império do Meio.

O fato de ter conseguido conter a doença na China em tão pouco tempo ajudou. Suas ações, depois da opacidade inicial, contrastaram com a imagem transmitida por líderes como Donald Trump, nos Estados Unidos, ou Jair Bolsonaro, no Brasil, chefes de Estado que se mostraram avessos a lidar com a emergência pandêmica.

Jinping aproveitou que as atenções do restante do mundo estavam voltadas ao vírus para, entre outras coisas, terminar sua obra destruidora da minoria uigure (10 milhões de muçulmanos). Durante uma reunião de alto nível do Partido Comunista, o presidente chinês anunciou que o processo de "reeducação forçada" da minoria uigure da província de Xinjiang está correto e que deve ser levado a cabo durante muito tempo.

Entre julho de 2019 e julho de 2020, segundo o Instituto Australiano de Políticas Estratégicas, Pequim construiu 61 novos campos de detenção para os uigures, totalizando 380 na província de Xinjiang. Esses números levaram Jinping a comentar: "A ação do governo é um sucesso que a realidade demonstra."

Os campos de "reeducação" visam doutrinar a minoria muçulmana com os ensinamentos do partido, sujeitar todos e cada um à vontade do governo e do partido e impor a cultura han majoritária (cerca de 92% da população da China). Os uigures são tratados como escravos, as mulheres são violentadas, a etnia obrigada a abandonar o islã.

Xi Jinping aproveitou para sublinhar que "o Estado de Direito Socialista" deve ser aplicado em Xinjiang para manter a estabilidade na província. E, nesse aspecto, reforçou o objetivo da reeducação aplicada aos uigures, aos chineses de origem cazaque e a outras minorias muçulmanas: um trabalho ideológico que visa promover a identidade chinesa (eufemismo para identidade han) e uma forma de islamismo à moda da China, ou seja, uma religião sujeita aos ditames do partido.

Além da prática de tortura, das detenções arbitrárias e doutrinação, as acusações contra a política chinesa em Xinjiang incluem a esterilização contra a vontade das mulheres.

Uma vez reeducados, ao menos 80 mil uigures foram deslocados e forçados a trabalhar em fábricas chinesas fornecedoras da Adidas, Nike, Apple, BMW, Samsung, Sony, Volkswagen, Gap, Huawei e outras 80 grandes marcas internacionais. Uma em cada cinco peças de roupa usadas no Ocidente vem do trabalho escravo dos uigures na China.

Da mesma forma que Washington se arroga a missão de "democratizar" o restante do mundo, Pequim considera que o mundo deve copiar o sistema político chinês. É a nova ideologia geopolítica chinesa.

O VÍRUS DO POPULISMO

O vírus da antidemocracia espalhou-se quase com tanta rapidez quanto o coronavírus, servindo de escusa para impedir protestos contra políticas governamentais ou ainda para reforçar um governo interino como o boliviano que se via no poder por tempo indeterminado. Fracassou. O povo boliviano elegeu Luis Arce e trouxe a esquerda de Evo Morales de volta ao poder.

Ao contrário, bem-sucedidos, foram líderes políticos como Recep Tayyip Erdogan, na Turquia, Abdel Fattah al-Sissi, no Egito, ou Mohammad bin Salman, na Arábia Saudita, que aproveitaram para consolidar o poder nesses tempos atribulados.

Perante uma ameaça grave à vida humana no planeta, quando a solidariedade e o trabalho em conjunto deveriam ser a máxima para combater a epidemia, assiste-se ao exacerbar dos soberanismos, nacionalismos, populismos, o declínio do multilateralismo: os autocratas exploram o medo em seu proveito e tentam cavar ainda mais o buraco em que procuram enterrar a democracia.

Emmanuel Macron acredita que muito vai depender das populações europeias, que segundo ele exigirão de seus governos que se empenhem no combate às alterações climáticas como se empenharam na resposta ao novo coronavírus.

Se a solidariedade europeia não acontecer, as propostas populistas vingarão, com seus representantes chegando ao poder na Itália, Espanha e França, só para citar as potências ocidentais do Velho Continente. As eleições presidenciais francesas estão marcadas para abril de 2022, e tudo indica que assistiremos a um novo embate entre Macron e Marine Le Pen, a líder da União Nacional, de extrema direita. O presidente francês teme que o discurso populista e nacionalista ganhe força no pós-pandemia. O discurso fascista progride.

Como o uso de drogas, o recurso a soluções populistas traz sempre um *day after* com um custo exorbitante, que, mais tarde, vai ter de ser pago.

Um artigo publicado por professores do Instituto Kiel e da Universidade de Bonn, na Alemanha, indica que os resultados econômicos dos países dirigidos por populistas são não somente caros, com espirais de dívida pública e de inflação, mas também politicamente disruptivos. Dos 41 governos populistas identificados no mundo desde 1970, em apenas 9 a alternância do poder ocorreu de forma regular.

EXTREMA DIREITA USA A PANDEMIA PARA SE EXPANDIR

"A democracia também é o regime dos não democratas. E dos antidemocratas. É a sua força. E a sua fraqueza. Dentro da democracia está o seu próprio veneno, a sua morte. Mas também está o seu remédio. A sua salvação."

António Barreto, sociólogo

"Entregar a direção de um país a alguém que não faz distinção entre a verdade e a mentira ou entre os fatos e a ilusão é como entregar um ônibus onde viajamos a um condutor drogado. Mesmo que se sobreviva ao desastre, nem sempre se consegue garantir o regresso à normalidade."

José Veiga Sarmento

Um estudo encomendado pelo governo alemão concluiu que os militantes de extrema direita na Europa e nos Estados Unidos se aproveitam da pandemia para atrair novos simpatizantes, principalmente entre os ativistas antivacinas e seguidores de teorias da conspiração.

O estudo, publicado pela ONG Projeto contra o Extremismo, concentrou-se em seis países - Alemanha, França, Suécia, Finlândia, Reino Unido e Estados Unidos – e documenta a emergência de um movimento de extrema direita "sem líderes, transnacional, apocalíptico e orientado para a violência".

De acordo com o estudo, as ligações entre extremistas se dão em rede, tendo aumentado substancialmente entre os militantes europeus, sobretudo da Alemanha, dos países nórdicos e do

Reino Unido, e norte-americanos com extremistas de países de Leste, particularmente da Rússia e Ucrânia.

A expansão desses grupos, no entanto, não se traduz na criação de uma estrutura hierárquica e unificada, apesar de muitos dos princípios ideológicos serem comuns, baseados na teoria da conspiração da "grande substituição" (segundo a qual a imigração em massa torna os brancos minoritários), que inspirou os atentados terroristas em Christchurch, na Nova Zelândia, e em El Paso, nos Estados Unidos.

Entre as principais fontes de financiamento e meios de recrutamento estão concertos de música e torneios de artes marciais, que permitem o fortalecimento ou desenvolvimento de laços entre diferentes indivíduos, além do recrutamento de novos membros, interessados em hard rock e esportes violentos, que ainda não tinham aderido à ideologia de extrema direita. As competições de MMA se transformaram no meio mais utilizado pelos extremistas portugueses para se relacionar com os seus colegas europeus, sobretudo do Leste.

Esses movimentos extremistas viram na pandemia de covid-19 uma "oportunidade" para aumentar o recrutamento, sobretudo on-line, e ganhar espaço nas ruas, infiltrando-se em manifestações de negacionistas do coronavírus e promovendo outras contra medidas de prevenção.

No entanto, segundo os autores do estudo, "a pandemia também restringe as suas atividades off-line. É, portanto, cedo demais para julgar o seu impacto a médio e longo prazos".

A publicação aconteceu dois dias depois de uma manifestação em Berlim contra as medidas de confinamento na Alemanha, que juntou mais de 10 mil pessoas, a grande maioria sem máscara, e que foi dispersada pela polícia.

Entre os manifestantes, além de negacionistas da pandemia, seguidores de teorias da conspiração, complotistas, ativistas antivacinas, estavam militantes tradicionais da extrema direita, que não hesitaram em fazer a saudação nazista e entoar cânticos de homenagem a Adolf Hitler.

Meses antes, em agosto de 2020, militantes de extrema direita, com bandeiras e símbolos nazistas, tentaram invadir o Parlamento alemão após uma manifestação antimáscaras, tendo sido impedidos pela polícia.

As autoridades alemãs têm alertado para o crescimento de grupos de ultradireita no país. O ministro dos Negócios Estrangeiros, Heiko Maas, afirmou que a extrema direita é a maior ameaça à segurança da Europa (superior ao terrorismo islâmico) e prometeu levar o tema aos demais Estados-membros da União Europeia.

As autoridades alemãs aumentaram a vigilância após o assassinato do democrata-cristão alemão Walter Lübcke, em junho de 2019, e de um ataque a uma sinagoga em outubro do mesmo ano, ambos reivindicados pela extrema direita.

O crescimento do movimento extremista tem sido acompanhado pela infiltração de seus militantes na polícia. O Ministério do Interior alemão admitiu que há mais de 300 indivíduos radicalizados já identificados nas forças policiais, mas suspeita-se que o número seja bem maior.

O FALSO FIM DA HISTÓRIA

"O maior perigo não é o vírus, e sim o ódio, a ganância e a ignorância."

Yuval Noah Harari

Nos anos 1990, após a implosão da União Soviética e a desmistificação do comunismo real, a *intelligentsia* declarava o triunfo definitivo da democracia liberal representativa. O politólogo americano Francis Fukuyama, professor de Economia Política da Universidade John Hopkins, anunciava peremptoriamente o "fim da História", o único caminho para os países civilizados, o último e definitivo estágio de desenvolvimento. Era moda então citar a famosa frase de Winston Churchill: "*A democracia é a pior forma de governo, com exceção de todas as demais*". Vinte e cinco anos depois, atônitos, descobrimos que Fukuyama estava errado e que a História dava um salto para trás gigantesco, rumo ao período mais sombrio da Idade Média: um *tsunami* populista-conservador varreu o mundo e nos revelou lideranças "iliberais", alçadas ao poder pelo sufrágio universal. Esse mesmo voto que jogou o berço da democracia representativa, o Reino Unido, num caótico Brexit.

O que aconteceu? Como a peste do extremismo se alastrou pelo Ocidente? Por que nos curvamos novamente ante a extrema direita? Por que assistimos impotentes à vitória da ignorância e da amoralidade sobre os valores do Iluminismo? Como explicar o populismo mentiroso? Como compreender que milhões de americanos tenham visto em Donald Trump um grande líder?

Álvaro Vasconcelos, do Instituto de Estudos de Segurança da União Europeia, considera que "não foi por serem esquizofrênicos que os americanos em 2008 elegeram Obama e oito anos depois Trump; foi porque estão profundamente divididos e porque uma parte significativa da classe média branca perdeu a confiança nas elites liberais, não só por razões econômicas, mas sobretudo por não partilhar os seus valores".

Em editorial de 22 de setembro de 2020, o jornal britânico *The Guardian* comentava a afirmação do presidente norte-americano de que os jovens não eram afetados pela covid-19:

> Trump nos fornece todos os dias matéria para uma análise do fenômeno da pós-verdade. Parece muito fácil desmenti-lo, mas não é. Espantamo-nos como é possível o presidente dos EUA mentir sistematicamente sem que se interrompa esta torrente de falsidades, sem que o chamado *fact-checking*, a que o seu discurso é submetido diariamente no mundo inteiro, tenha qualquer efeito. O que acontece no atual regime político-mediático é que as categorias de verdade e mentira como critério de classificação das afirmações deixaram de ter validade. As intervenções públicas de Trump podem estar recheadas de mentiras, mas isso não afeta a sua eficiência, a sua "performatividade". Trump desafia constantemente a realidade? Pois desafia, mas o seu discurso está para além da diferença entre realidade e ficção, não é proferido para representar um estado de coisas, mas para praticar deliberadamente uma ação. É a isto que se chama pós-verdade.

Tudo leva a crer que, apesar da miséria intelectual da presidência de Trump, o trumpismo sobreviverá, bem como a possibilidade de Jair Bolsonaro vir a ser reeleito, recorrendo, como de costume, à mentira, ao obscurantismo, ao racismo, à política-espetáculo, ao discurso de desprezo, ignorância e ódio contra seus opositores antifascistas.

Nas raízes do populismo encontramos duas grandes correntes de pensamento: uma se concentra na cultura, outra na economia.

A facção cultural considera Donald Trump, o Brexit, os ultranacionalistas de direita consequências de uma ruptura no terreno dos valores, entre conservadores e liberais. Pippa Norris, de Harvard, e Ronald Inglehart, da Universidad de Michigan, explicam que "o populismo autoritário é a consequência de uma fratura intergerações no campo dos princípios. Os jovens adotaram valores pós-materialistas, que promovem a laicidade, as liberdades individuais, a autonomia e a diversidade; enquanto os mais velhos se sentem alienados, estrangeiros em seu próprio país".

Paralelamente, os defensores da perspectiva econômica veem o populismo como o resultado da ansiedade e da insegurança causadas pelas crises financeiras, austeridade, globalização e, enfim, pandemia.

Os homens, sobretudo, estariam mais inclinados a votar em um personagem que encarna os estereótipos masculinos (machistas), de maneira a compensar a queda do *status* econômico e social causada por essas crises.

A tese da fratura intergerações no campo dos princípios é questionável.

Uma pesquisa de opinião realizada em setembro de 2020, em pleno julgamento dos terroristas que cinco anos antes dizimaram a redação do jornal satírico *Charlie Hebdo* (acusado de blasfêmia pelo islã radical por ter publicado charges do profeta Maomé), mostrou que os jovens franceses são menos apegados aos valores da laicidade (pedra angular do viver juntos) que os velhos. Se 78% dos franceses consideram o princípio da laicidade parte da identidade nacional e 87% com mais de 65 anos se dizem laicos, apenas 61% dos jovens consideram este valor essencial. Desse ponto de vista, os jovens surgem como mais conservadores que os velhos. Lembro que na França blasfêmia não é crime.

Tendemos a ver o fenômeno do populismo retrógrado de extrema direita como quem observa de fora a vida de um organismo criado num laboratório. Sua compreensão nos escapa. E, no entanto, urge entender o que ameaça tomar conta do mundo pós-pandêmico. É a condição *sine qua non* para se atacar a Internacional da Ignorância, antes que sejamos todos engolidos pelo buraco negro do niilismo e do fim da democracia, ajoelhados diante desses "ditadores de nova cepa" com sobrenome Trump, Bolsonaro, Johnson, Orbán ou Le Pen, Modi.

De onde nasce esse fascínio? Como combatê-lo?

Segundo Adorno, na sua análise da "personalidade autoritária" como fundamento do fascismo, trata-se do

> triunfo de uma irracionalidade que gera a necessidade paranoica, tanto mais forte quanto mais vazia de conteúdos reais, de crer, odiar e combater um inimigo absoluto. No combate a esse inimigo essencialmente abstrato, espectral, que depois ganha corpo em pessoas, entidades e realidades empíricas, o primeiro dever que o combatente assume perante o seu chefe é o de não ter dúvidas. Por isso, nenhuma racionalidade e sentido da realidade conseguem ser armas eficazes.

Contra este "Radicalismo de direita" (título de um texto de Adorno que permaneceu inédito até 2019) não há refutação crítica eficiente. O fascínio por este fenômeno é muito semelhante ao que sentimos pela estupidez.

O texto é a transcrição de uma conferência que Adorno fez em 1967, na Universidade de Viena, a convite de uma associação de estudantes socialistas austríacos. O contexto político na República Federal da Alemanha de 1967 explica o conteúdo dessa conferência: um partido neonazista, o NPD (Partido Nacional-Democrático), formado em 1964, tinha obtido ótimos resultados em eleições regionais e esteve a um palmo de entrar no Bundestag, o Parlamento da República Federal da Alemanha.

Na análise de Adorno, o novo radicalismo de direita manifestava o "eterno retorno" de uma mitologia reacionária que se revela uma máquina de propaganda de implacável eficiência. Dessa mitologia, faz parte o antissemitismo (na versão atual, antimigrantes, islamofobia, xenofobia e racismo), o anti-intelectualismo, o medo da desclassificação e perda do estatuto social, a caça a um bode expiatório. Muito inquietante, dizia Adorno, é o fato de os seguidores desse novo radicalismo de direita, que coincidem quase sempre com os defensores do velho e do novo fascismo, estarem distribuídos de modo transversal entre todas as camadas da população.

Mas talvez o ponto fundamental da conferência de Adorno esteja na explicação que ele dá para a ascensão desse radicalismo de direita: "As premissas sociais do fascismo têm a sua origem nos malogros da democracia, que não se concretizou de modo efetivo dos pontos de vista econômico e social. O ressentimento, fomentando o sentimento antidemocrático e antipolítico, é um fracasso da democracia na realização das suas promessas."

Em *La Tyrannie des bouffons* (A tirania dos bobos da corte, em tradução livre), o pesquisador e escritor francês Christian Salmon analisou os mecanismos que levaram ao poder homens que fizeram do descrédito do sistema seu "fundo de comércio".

Concluiu que, para compreender o fenômeno, é preciso vê-lo como uma espécie de racionalidade paradoxal: trata-se de exercer o poder exibindo sua incompetência, o que ficou evidente durante a pandemia, quando se passou da negação à adoção de medidas fantasiosas. O segredo do poder grotesco está no fato de que ele se exerce não apesar da irracionalidade ou incompetência do dirigente, e sim graças a essa incompetência. Seu poder não vem de sua função, mas de uma convicção absoluta de que pode tudo, de que não há limites. Por isso, ele se dá o direito de se contradizer de um dia para o outro, de publicar três tuítes simultâneos contraditórios.

"As redes sociais, a revolução digital e sobretudo a crise do capitalismo depois de 2008 arruinaram a narrativa dos governos neoliberais, alimentando a espiral do descrédito. De tal forma que ninguém acredita em mais nada", conclui Salmon.

Como iremos resistir a uma nova crise econômica mundial de que já se falava nos últimos tempos, antes mesmo do surgimento do coronavírus, e que ganhou progressão geométrica com a pandemia? Vamos abrir os braços aos extremos como temos feito?

Foi-se o tempo da "marolinha" de 2008 (termo usado pelo então presidente Lula para qualificar a crise financeira); o mundo todo navega no mesmo barco rumo a uma recessão brutal. Raramente o bordão "estamos à beira do abismo" foi tão palpável. E como o tempo acelera e escasseia, uma conclusão evidente se impõe: só uma reviravolta urgente e de grande dimensão poderá impedir o pior, que o mundo caminhe para o precipício.

O humor ácido alardeia: Estamos à beira do abismo, enfim daremos um passo à frente...

REGRESSÃO DA DEMOCRACIA

"Se não temos a capacidade de distinguir o verdadeiro do falso, então, por definição, o mercado de ideias não funciona. E, por definição, a nossa democracia não funciona."

Barack Obama, ex-presidente dos Estados Unidos

Uma década: 2010-2020. Nessa década sombria, as crises se agravaram - da climática à democrática, das crises de regime às dos modelos de sociedade, motivando múltiplas rebeliões. Foram tempos que terminaram com multidões nas ruas em reivindicações contraditórias, umas por mais democracia, outras pedindo ditadura, de Hong Kong ao norte da África, da América Latina à Europa, da América do Norte à Oceania.

Nesse final da segunda década do século XXI, antes mesmo da pandemia, os sinais das ameaças que pesavam sobre as nossas cabeças multiplicaram, os perigos emergiram. Não é preciso ter um olhar arguto para se dar conta da intranquilidade reinante, da insatisfação e incerteza cada vez maiores em relação à vida e, sobretudo, às perspectivas do futuro próximo: os pais temem que seus filhos não vivam tão bem quanto eles, há uma tendência para a desintegração comunitária, a tragédia sem fim dos refugiados, as epidemias, a intolerância religiosa e o enfrentamento entre crenças, constantemente acirrados, senão legitimados, pelo poder político. Há pencas de exemplos: a campanha de purificação hindu levada a cabo na outrora "maior democracia do mundo", a Índia, o genocídio dos rohingyas, uma minoria muçulmana da Birmânia, onde são considerados estrangeiros num país de 90% de população budista, o terrorismo, de componente islamita como de facções derivadas da extrema direita, a começar pela velha Europa (com o surgimento violento do neonazismo na Alemanha), a China, concorrente ao estatuto de principal superpotência, que assumiu abertamente uma ditadura feroz, de dar saudades do maoismo, sem falar nas desigualdades socioeconômicas que continuam a crescer e a se alastrar pelas sociedades - desenvolvidas ou não -, a ponto de deixar de testa franzida até mesmo trilionários como Bill Gates e George Soros, que apesar de beneficiários questionam o atual modelo capitalista de especulação financeira e hiperconcentração da riqueza.

Soros, o megaespeculador americano, taxado de comunista pelos antiglobalistas, referiu-se a Donald Trump da seguinte forma: o líder da Casa Branca "é um vigarista e um narcisista, que quer que o mundo gire em torno dele"; e "quando a sua fantasia de ser presidente se tornou realidade transformou seu narcisismo numa doença maligna".

Além de atacar o então presidente norte-americano, a quem também chamou de "aberração", o defensor de políticas globalistas considera que a ascensão da extrema direita é apenas uma mera coincidência.

O bilionário declarou que está engajado em derrotar o conservadorismo ao redor do mundo. A Open Society Foundations, sua organização filantrópica, paga, entre outros, os estudos em Harvard do ex-deputado federal Jean Wyllys e apoia o artista baiano Tiago Sant'Ana.

O especulador-filantropo é conhecido por promover pautas de interesse da esquerda; financiou ativistas do entorno de Greta Thunberg, doou 220 milhões de dólares para a causa da igualdade racial.

Em 24 de janeiro de 2020, no Fórum Econômico Mundial de Davos, Soros acusou Jair Bolsonaro de cumplicidade na destruição da floresta amazônica. "O presidente Bolsonaro falhou em proteger a Amazônia da destruição para franquear a floresta à criação de gado. Ele rejeitou qualquer compromisso razoável na Conferência de Madrid sobre o Clima, dando assim mais um golpe na proteção do meio ambiente."

O megainvestidor comparou Bolsonaro ao ex-vice-primeiro-ministro italiano Matteo Salvini, a quem chamou de "potencial ditador da Itália".

A MORTE DO MULTILATERALISMO

Durante seu mandato, Trump provocou a regressão da democracia no mundo; sonhou com um segundo, que representaria um abalo sísmico autocrático, que determinaria, talvez, a morte do multilateralismo.

O equilíbrio mundial e a sobrevivência da democracia teriam sido fortemente abalados por quatro anos suplementares de Donald Trump. No plano internacional, o fechamento dos Estados Unidos sobre si mesmos, desejado pelo republicano, lembra o sétimo presidente do país, Andrew Jackson, descrito pelos historiadores como um isolacionista, hipernacionalista.

É verdade que a crise da democracia americana não surgiu com Trump. Sua eleição foi um sintoma, não a causa. Já havia um disfuncionamento profundo das instituições, agravado pela explosão das desigualdades econômicas e sociais, provocada pela crise financeira de 2008.

Trump foi um desastre para o mundo, tendo contribuído para a insatisfação com a democracia.

Um estudo da Universidade de Cambridge, feito junto a 4 milhões de pessoas em 154 países, demonstra que essa insatisfação atingiu seu nível mais alto, pulando de 48% em 1995 a 58% em 2019.

Os números dos Estados Unidos e do Reino Unido são ainda mais preocupantes: no primeiro caso, passou-se de um grau de satisfação de 75% entre 1995 e 2005 para menos de 50% na última década; no segundo, passou-se de 33% de insatisfação em 2005 para 61% em 2019.

A principal explicação alcançada pelos autores do estudo aponta para o "choque econômico global" de 2008, ao qual se junta na Europa a crise dos migrantes e refugiados. Mas segundo os estudiosos de Cambridge, a violência dos números ultrapassa as explicações, "como se uma vertigem de profunda irracionalidade tivesse atingido, em períodos de tempo relativamente curtos, os povos mais familiarizados com regimes democráticos".

Apesar de a insatisfação com a democracia ser global, de acordo com o estudo os casos britânico e norte-americano são ainda mais significativos. O Brexit é a expressão de um profundo desencanto, uma divisão dramática em nível social e nacional, como acontece na Escócia e na Irlanda, aliada a uma crise de autoconfiança sem precedentes na mais velha democracia do mundo.

A aventura sem rumo do Brexit, somada à pressão dos movimentos populistas e xenófobos que atravessam a Europa, de Norte a Sul, de Leste a Oeste, traduz a ameaça que pesa sobre a construção europeia e aniquila a confiança na democracia.

A eleição de Joe Biden nos Estados Unidos deixou o primeiro-ministro britânico, Boris Johnson, ainda mais pressionado para chegar a um entendimento com a UE, que acabou desembocando num tratado nos estertores de 2020, evitando assim um Brexit sem acordo, ruim para todos.

Os negociadores retomaram os trabalhos no mesmo dia do anúncio da vitória democrata nos Estados Unidos. Johnson sabe que Biden é muito mais próximo da Europa que seu predecessor e que, ao contrário deste, não abandonaria a aliança americano-europeia em troca de um eixo Londres-Washington.

Logo após a proclamação da vitória, Chris Coons, amigo de Biden, afirmou à BBC que o presidente eleito quer dar uma nova abordagem à relação transatlântica, com a UE e com o Reino Unido. Um dos nós do Brexit - a questão da Irlanda do Norte - foi imediatamente desatado, sabendo-se das origens irlandesas da família Biden.

Anthony Gardner, antigo embaixador dos EUA na UE, afirmou recentemente na Alemanha que Biden acredita "num triângulo de relações: EUA-Reino Unido, Reino Unido-UE e EUA-UE".

Para Boris Johnson, o novo paradigma da política externa que está a ser preparado para Washington poderá deixar o Reino Unido numa posição de ator secundário em termos internacionais e, em consequência disso, isolá-lo do concerto das nações.

Paralelamente, Portugal, que até pouco tempo atrás resistiu bravamente ao avanço da onda de direita radical, assiste agora a um aumento da popularidade do partido Chega, primo-irmão das demais formações populistas europeias ultranacionalistas, inclusive do Ukip, de Nigel Farage.

Pesquisas de intenção de voto mostram que o movimento recém-criado, que defende um projeto xenófobo e tem um discurso antissistema, cresceu em popularidade, igualando ou até ultrapassando algumas legendas tradicionais da política lusitana. O Chega mobiliza vários setores saudosistas do salazarismo, especialmente os ligados à polícia e às Forças Armadas.

Em outubro de 2019, o partido conseguiu eleger seu primeiro deputado, André Ventura, seu líder carismático.

Um ano depois, uma pesquisa do Instituto Intercampus apontava que Ventura concorreria às eleições presidenciais com chances de superar os 10% dos votos.

No fim de janeiro de 2020, durante um congresso do partido na cidade do Porto, um militante foi filmado fazendo a saudação nazista na plateia. Representantes de grupos neofascistas também já declararam apoio público à legenda.

Em 2017, quando era candidato à presidência da Câmara (cargo equivalente a prefeito) de Loures, na Grande Lisboa, André Ventura acusou a etnia cigana de "viver exclusivamente de subsídios do Estado".

Como parlamentar, sugeriu que a deputada Joacine Katar Moreira, que é negra nascida na Guiné-Bissau, fosse "devolvida ao seu país de origem". A deputada tinha proposto pouco antes um projeto de lei pedindo que Portugal devolvesse às ex-colônias o acervo roubado, que estivesse em posse de museus e arquivos nacionais lusos.

EVANGÉLICOS COM A EXTREMA DIREITA

Insatisfeitos com o tamanho dos estragos feitos nos Estados Unidos e no Brasil, os movimentos evangélicos pentecostais querem mais, exportar seu projeto de poder para o outro lado do Atlântico. Atacam-se à política portuguesa, apoiam e até financiam o partido de extrema direita Chega, liderado pelo ex-comentarista esportivo André Ventura, que, embora não se chame Messias como Bolsonaro, considera-se o salvador da pátria lusa. Seu ego é desmedido. Já confessou que não ficaria descontente em ser chamado de mito.

Ficou claro, desde a fundação do partido, em 9 de abril de 2019, que várias igrejas militavam a favor de Ventura, tendo inclusive participado ativamente da campanha eleitoral que o levou ao Parlamento. O que se desconhecia era a imbricação entre o seu projeto político e o financiamento do Chega pelas seitas evangélicas pentecostais.

Um artigo assinado pelo jornalista Miguel Carvalho, na revista *Visão*, mostrou que o pastor aposentado de Loures, Constantino Ferreira, transferiu para o Chega os dados de mais de 4 mil contatos do seu site religioso, com o objetivo de engrossar as fileiras do partido neofascista. Constantino confessou, sem pudor, que se calcou no trabalho feito pelas igrejas do outro lado do Atlântico, onde os apoios de evangélicos a Bolsonaro foram fundamentais para a conquista da presidência do Brasil.

A reportagem cita a frase de Damares Silva, ministra da Mulher, da Família e dos Direitos Humanos do governo de Jair Bolsonaro e pastora evangélica: "É o momento de a igreja ocupar a nação".

As igrejas, algumas das quais consideradas seitas em Portugal, seguem também o exemplo dos EUA, onde foi lançado, no início de janeiro de 2020, o movimento "Evangélicos por Trump", uma reafirmação do apoio de grupos evangélicos radicais ao então presidente. A agenda extremista de Trump, similar à de Bolsonaro na resposta à pandemia, foi aplaudida entusiasticamente por André Ventura. Ele próprio reconheceu que o projeto político do Chega seria impossível sem o apoio dos grupos evangélicos radicais.

O sonho de conquista do poder em Portugal pelos neopentecostais existe há muito. A primeira tentativa data de 1995, com o defunto Partido da Gente, criação da Igreja Universal do Reino de Deus, de Edir Macedo. Seu símbolo, além da letra "G" em fundo azul, tinha uma sugestiva vassoura vermelha. Essa experiência fracassou com um resultado eleitoral minguado, somente 0,14% dos votos, mas as intenções não desapareceram, apenas esperaram um melhor momento, que parece ter surgido com a entrada em cena do popular André Ventura.

Os evangélicos eram 0,3% da população portuguesa (10 milhões de habitantes) em 2012, 4% em 2017, ano da publicação do último estudo do gênero pelo Pew Research Center. Estima-se que em 2020 beirasse os 10%, porcentagem que de acordo com estudiosos poderá dobrar nos próximos 5 a 10 anos.

Dentre os pastores, muitos vêm do Brasil. Alguns exercem atividades paralelas, nem sempre lícitas. No início de 2020, por exemplo, as autoridades migratórias de Portugal prenderam três pastores evangélicos brasileiros por tráfico humano e auxílio à imigração ilegal.

O trio, dois homens e uma mulher, usava a estrutura da igreja para convencer brasileiros a se mudarem para Portugal com promessas de trabalho e de auxílio à regularização, que acabava não acontecendo. Uma vez em território português, os candidatos à imigração passavam a morar — mediante pagamento de aluguel de 300 euros (cerca de 2 mil reais, muito acima do aluguel normal) - em um alojamento anexo ao templo, localizado na região de Amadora, na Grande Lisboa, em condições precaríssimas. Além de pagarem para viver num espaço exíguo, caindo aos pedaços, amontoados uns sobre os outros, os brasileiros (incluindo crianças) trabalhavam nos templos praticamente como escravos e ainda eram obrigados a contribuir com o dízimo.

De acordo com o Observatório de Tráfico de Seres Humanos, Portugal registrou 168 vítimas deste crime em 2018, incluindo 29 menores de idade.

O professor de Sociologia da Religião da Universidade da Beira Interior, Donizete Rodrigues, relatou a Miguel Carvalho o resultado das suas pesquisas e as conclusões só surpreenderam quem não conhece o *modus operandi* dos evangélicos no Brasil: "É público que líderes e membros das igrejas neopentecostais financiam atividades partidárias" e, "como era de se esperar, o Chega faz parte desse esquema". O pesquisador concluiu ainda que "muitos líderes e pastores evangélicos dirigem, nos cultos, grandes elogios ao partido fascista e ao seu líder. Na verdade, fazem campanha política aberta, o que ficou evidente na última eleição".

Uma parte do dinheiro arrecadado nas missas das igrejas pentecostais engordaria o caixa dois do Chega.

O financiamento do partido pelo movimento evangélico neopentecostal é ilegal, pois a Constituição portuguesa impõe a separação entre a Igreja e o Estado, e estabelece que Portugal é um país laico.

André Ventura lava as mãos como Pilatos quando confrontado às acusações. "Pelas minhas mãos ou que eu conheça, não entrou dinheiro nas contas bancárias do Chega de forma abusiva", disse o deputado, embora a palavra de Ventura valha tanto quanto a de Jair Bolsonaro. É tido como um mentiroso contumaz, além de desonesto.

Apesar de ter prometido cumprir o mandato legislativo em exclusividade, como manda a lei, ele acumula vários cargos no setor privado, sem ser repreendido.

É sabido que a extrema direita mundial não distingue a política dos negócios, não seria de estranhar, portanto, que fosse diferente com Ventura e o Chega. Os financiamentos de partidos "amigos" ou de movimentos internacionais da *alt-right* são recorrentes. Em 2019, eclodiu o escândalo dos empréstimos a fundo perdido da Rússia e de seus oligarcas aos partidos de extrema direita da França, Áustria e Itália.

Prova suplementar de que política e negócios se confundem, a maior parte das assinaturas para a legalização do Chega foram colhidas por estudantes, que receberam um euro por cada uma, em dinheiro vivo, saído do caixa dois alimentado pelos evangélicos.

OS PAIS FUNDADORES DOS EUA TINHAM PREVISTO

O que caracteriza Trump, e o diferenciou de todos os demais presidentes dos Estados Unidos, foram os seus valores. Narcisista doentio, mentiroso contumaz, mal-educado, arrogante, racista, homofóbico, misógino, islamofóbico, xenófobo, autoritário e, tal qual os seus parceiros populistas, passou a maior parte do tempo a desfazer o que os seus inimigos políticos fizeram. Ele desprezou as instituições, as regras democráticas, os direitos humanos, o politicamente correto, se apoiando entre outros no *lobby* das armas e nos pastores evangélicos (tudo como Bolsonaro). Foi um mestre na manipulação e um comunicador de primeira linha, atingindo em cheio seu eleitorado, que aprecia o linguajar chulo e o falar direto, sem intermediários, via redes sociais. Sentiu-se à vontade governando por tuíte. Seu mundo se limita às fronteiras dos Estados Unidos e aos seus interesses, no mais das vezes pessoais. Nesses aspectos, é a cópia fiel dos ultranacionalistas, incluindo Vladimir Putin.

O que o diferencia dos demais líderes populistas é o fato de que a democracia norte-americana tem contrapoderes fortes, como a imprensa, o Congresso e sobretudo a sociedade civil.

Os pais fundadores dos Estados Unidos implantaram um sistema constitucional de separação dos poderes, independência da Justiça e outras salvaguardas, porque temiam que um demagogo como Donald Trump chegasse ao poder. A previsão concretizada, Trump abalou a democracia americana, mas não conseguiu destruí-la.

Pela capacidade trumpiana de arrasar a ordem internacional liberal, a democracia vai viver nos próximos anos um teste de fogo.

Afinal, os Estados Unidos ainda são o principal garantidor da estabilidade ocidental, através da sua força militar e da rede de alianças e instituições multilaterais criadas no pós-guerra. Hoje, numa crescente desordem internacional para a qual Trump contribuiu - e muito -, o mundo resvala na velha rivalidade entre grandes potências, que esteve quase sempre na origem dos conflitos.

Como salientou o prêmio Nobel de economia Joseph Stiglitz, contrariando Trump, o desempenho dos Estados Unidos no seu mandato até a pandemia, quando comparado ao dos países desenvolvidos ocidentais, foi fraco em muitos aspectos, como expectativa de vida, índices de emprego e desigualdade.

Isso sem falar nos estímulos fiscais, que produziram enormes déficits estruturais, que irão pesar no futuro. Houve também um aumento significativo do déficit orçamentário devido à redução do imposto de renda dos mais ricos e do aumento dos gastos militares. A dívida norte-americana descarrilou e hoje representa mais de 100% do Produto Interno Bruto, o que é insuportável para qualquer país, inclusive os Estados Unidos.

Mesmo assim, como salientou o jornalista Martin Wolf, do *Financial Times*, muitos americanos tiveram a impressão de que a economia melhorava.

Em face da personalidade complexa de Donald Trump, tentar traçar de forma objetiva um balanço de sua ação não é tarefa fácil, na medida em que a narrativa sempre primou sobre os fatos.

"Nunca antes neste país", costumava dizer, parafraseando o ex-presidente brasileiro Luiz Inácio Lula da Silva, outro expert em comunicação política.

Fanfarrão, como populista que é, Trump aproveitou o último discurso do Estado da União para afirmar que antes da pandemia empregos foram criados aos montões e que os salários dispararam. O que é uma meia-verdade: sob seu mandato pré-pandêmico, o ritmo de criação de empregos foi comparável ao dos dois anos finais de Obama. Na média mensal foram criados 183 mil empregos em 2017, 225 mil em 2018, 175 mil em 2019, contra 225 mil em 2015, 195 mil em 2016.

Foi Barack Obama e não Donald Trump que saneou a economia americana após o choque de 2008.

Há de se convir, porém, que na era Trump, apesar do crescimento do sentimento racista, o desemprego dos hispânicos e dos negros diminuiu fortemente: no final de 2019, havia 5,9% de afro-americanos sem trabalho, 4,2% de hispânicos, 3,2% de brancos.

Paralelamente, as mulheres não puderam se integrar ao mercado de trabalho, parcialmente excluídas por causa da inexistência de creches a um preço abordável.

Por trás desse balanço pré-pandêmico, vê-se uma explosão das cotações das ações em Bolsa, em proveito dos mais ricos, detentores de ativos financeiros. O que beneficiou também os aposentados mais abastados, cujas pensões variaram de acordo com o comportamento do mercado. As desigualdades cresceram.

Claro também que os bons resultados econômicos se deram em detrimento do meio ambiente, que não foi em nenhum momento levado em conta por Trump. Em 1° de junho de 2017, cinco meses após ter sido empossado, anunciou a retirada do Acordo de Paris sobre mudanças climáticas, obtido a duras penas dois anos antes graças, entre outros, à determinação de Barack Obama. Contribuíram para o crescimento americano atividades altamente consumidoras de energias fósseis, baratas e poluidoras, em virtude da extração de petróleo a partir de xisto betuminoso.

O ÓDIO ISLAMITA QUE DECAPITOU UM PROFESSOR É O MESMO DA EXTREMA DIREITA

"A covid-19 pode ser uma vacina da humanidade para uma visão coletiva do planeta."

Jonathan Haidt

Após ter sido uma vez mais vítima do terrorismo islâmico, a França viveu em estado de choque. Desta vez, ao contrário dos atentados de 2015, não foram os grandes números de mortos que abalaram a população. Foi apenas uma morte, o que de certa forma tornou o ato ainda mais simbólico. Um homem foi decapitado. Um professor de História, acusado por seus carrascos de ter dado uma aula sobre a liberdade de expressão.

Um jovem russo, de origem chechena, de 17 anos de idade, com estatuto de refugiado, cortou-lhe a cabeça. Ele não conhecia o homem que assassinou. Até alguns dias antes nunca ouvira o nome de Samuel Paty. Mas fundamentalistas islâmicos, fichados nos serviços de segurança por serem radicalizados, chamaram sua atenção. O professor, como fazia todos os anos, teria cometido o "crime" de mostrar aos alunos as caricaturas de Maomé numa aula de Cidadania, a propósito da liberdade de expressão, tendo o cuidado de advertir os alunos muçulmanos para que pudessem sair da sala de aula se quisessem. Mesmo assim, alguns pais de alunos, islâmicos integristas, se insurgiram nas redes sociais alegando blasfêmia. O pai de uma menina, que nem sequer era aluna de Paty, colocou nas redes sociais um vídeo em companhia de um conhecido islamita, denunciando o professor e exigindo sanções. Em um outro vídeo, o agitador afirmava que o professor havia mostrado fotos de um homem nu, simbolizando o profeta.

As caricaturas em questão já tinham sido utilizadas para minimizar e explicar o inexplicável atentado ao *Charlie Hebdo* cinco anos antes (12 mortos) e a recente agressão a dois jornalistas, apunhalados em frente ao antigo prédio do jornal satírico.

A França é tida como um país que não transige com a questão da laicidade, baseada na estrita separação entre o Estado e o divino e na liberdade religiosa, dentro do respeito individual. Laicidade é um dos pilares da *République Française*. Respeita-se o direito de cada indivíduo praticar ou não uma religião.

Em nome desse respeito, ao contrário do que acontece em outros países, na França blasfêmia não é crime. Aliás, nas páginas do *Charlie* ou do *Canard Enchaîné*, a sátira não é reservada ao fundamentalismo islâmico. Não passa uma semana sem que os cartunistas ataquem indiferentemente um rabino, Moisés, um monge budista, Sidarta, Jesus, o papa.

O problema é que uma minoria de islâmicos radicalizados (nada a ver com a imensa maioria da população muçulmana francesa) se nega a aceitar e obedecer às leis do país. Defende uma espécie de separatismo (termo utilizado por Emmanuel Macron), exigindo que a *sharia*, a lei islâmica, seja superior à Constituição.

Certos imãs pregam abertamente a desobediência civil e a violência contra os infiéis, a violação das leis que exigem igualdade de gênero, em nome de uma leitura do Alcorão denunciada pelos moderados. Isso fez com que algumas mesquitas fossem fechadas.

Na verdade, o tema da radicalização islâmica foi ignorado por governos anteriores, abandonado entre as mãos da extrema direita, cuja propaganda fazia um nauseabundo amálgama entre o fundamentalismo e a comunidade muçulmana como um todo, para desembocar na condenação generalizada da imigração. Para evitar entrar no jogo de Marine Le Pen, optaram por fechar os olhos. Consequência: o tumor cresceu e criou metástase.

Mas verdade seja dita: não foi só a radicalização islâmica que decapitou Samuel Paty. Embora quem apontou para o alvo tenham sido os agitadores, acompanhados dos pais de alunos ofendidos com a exibição das caricaturas, é preciso levar em conta que vivemos num mundo onde os conteúdos de ódio se tornaram virais. A violência, ao extremo da decapitação, é resultado e causa, num círculo vicioso.

O assassinato do professor Samuel Paty por ensinar a liberdade de expressão foi um crime monstruoso, uma manifestação do obscurantismo que prolifera no mundo, do fascismo islâmico ao suprematismo branco, no confortável aconchego das redes sociais.

Como escreve a economista Maria João Marques no jornal *Público*, de Lisboa: "Não é a primeira vez que as palavras de incentivo ao ódio levam a atos de violência e a mortes."

As Nações Unidas, em seu boletim *ONU Info* do mês de fevereiro de 2020, fez uma afirmação categórica: "*La haine sur les médias sociaux contribue directement à la hausse des crimes de haine contre les minorités*" (em tradução livre: "O ódio nas redes sociais contribui diretamente para a alta dos crimes de ódio contra as minorias").

Por vezes, a violência se limita às campanhas de assédio e ódio on-line. Por outras, porém, as palavras frutificam. Jovens fragilizados e pessoas fanatizadas, prontas a endeusar mitos, se deixam enredar em ideologias promotoras de violência, tomam como ordem o ódio vomitado por terceiros, frequentemente por líderes populistas da hiperdireita.

Em 26 de agosto de 2020, em meio a protestos por um homem negro ter sido alvejado pelas costas pela polícia americana, um adolescente branco armado, de 17 anos, matou duas pessoas e feriu uma terceira. Ele tinha viajado do Illinois ao Wisconsin, onde ocorriam os protestos, para impor a "lei e ordem" - o mantra de Trump contra o Black Lives Matter.

Não foi, tampouco, por acaso que o número de assassinatos explodiu no Brasil de Bolsonaro, apesar da pandemia.

O ódio alimenta a violência dos islamitas radicais, bem como da extrema direita discriminatória, hipernacionalista e retrógrada. Ambos partilham ideias e raivas. São visceralmente contra a modernidade, a inclusão social, a liberdade sexual. Usam a religião - muçulmana num caso, evangélica no outro - como forma de organizar cruzadas, que em geral nada têm a ver com os valores religiosos.

A este título, a atitude da ministra Damares no episódio de uma menina grávida, de 10 anos de idade, estuprada pelo tio, foi exemplar. Apesar de o direito ao aborto ser reconhecido pela lei e pela Justiça, a ministra da goiabeira insistiu em que se levasse a gravidez até o fim, tratou o médico e a menina como assassinos e, em total ilegalidade, divulgou o nome e o paradeiro da vítima para Sara Winter, formada por neonazistas ucranianos do movimento militar Azov e líder do grupo supremastista 300 do Brasil.

Esse ódio é o mesmo partilhado pelos fundamentalistas islâmicos e radicais de direita em relação aos *gays*, às feministas, aos transexuais, aos negros, aos democratas, enfim, a toda e qualquer alma que seja diferente da sua e não queira viver na Idade Média. É o ódio que mata e decapita.

Seja na França, seja mais ainda no Brasil, o fanatismo se alastra nas zonas de exclusão social, de ensino precário, onde a República deixou de representar igualdade, fraternidade e de ser sinônimo de esperança.

As respostas devem ter um valor universal e ser contra todas as formas de incitação ao ódio. É fundamental que o Estado de Direito se imponha ao discurso de ódio dos islamitas radicais, bem como ao discurso de ódio antimuçulmano e discriminatório da extrema direita. Ainda mais porque a terceira onda terrorista – a da extrema direita – está aí.

A primeira foi a da extrema esquerda (Brigadas Vermelhas, Fraction Armée Rouge, Bande à Baader, Setembro Negro), nos anos 1970 e 1980; a segunda, a dos islamitas, nos anos 1990 e primeira década do século XXI.

Hoje, a maioria dos atos de terror é perpetrada por movimentos suprematistas brancos, que ganharam fôlego com a chegada de Trump à Casa Branca. Noventa por cento dos atentados cometidos nos Estados Unidos em 2018 e 2019 foram contra negros, muçulmanos e judeus.

Um relatório do instituto americano CSIS cita um membro da Atomwaffen Division (AWD), rede terrorista neonazista, ativa nos Estados Unidos e na Europa: "A cultura de martírio e insurreição em grupos como os *Talibans* e *Daesh* deve ser admirada e reproduzida."

A extrema direita e o islamismo radical se alimentam e se inspiram. São faces da mesma moeda.

A PANDEMIA E A MENTIRA

Donald Trump parecia poder abordar o ano eleitoral tranquilamente, com uma economia em bom estado e o apoio de seu fiel eleitorado. Porém, a epidemia do novo coronavírus veio subverter as expectativas. O presidente, que em 26 de fevereiro de 2020 improvisou uma coletiva de imprensa para "tranquilizar" os americanos sobre sua saúde e subestimar o vírus, teve de voltar atrás dias depois, admitindo que a covid-19 era inevitável. Contudo, não fugiu das *fake news* que o caracterizaram ao longo do mandato ao dizer que o país tinha o melhor sistema de saúde pública do mundo, os melhores especialistas e que os americanos não corriam nenhum risco. Citou até um estudo da Universidade Johns Hopkins explicando que os Estados Unidos eram o país mais bem preparado do mundo para lutar contra pandemias. Tão seguro de si, Donald Trump negou a se submeter ao teste depois que membros da delegação brasileira que participaram de um jantar com os presidentes dos dois países foram diagnosticados com covid-19. Meses depois, foi infectado.

A verdade é que a covid-19 pegou o candidato Trump de calças curtas, embora ele tenha anunciado ao jornalista Bob Woodward, em fevereiro de 2020, que já sabia dos riscos da doença transmitida pelo ar.

Os americanos cobraram explicações sobre a sua inércia frente à saúde de 25 milhões de pessoas sem qualquer tipo de cobertura médica, que sofreram com a ausência de um sistema universal de saúde. Americanos mais pobres com sintomas da doença hesitaram em se declarar às autoridades sanitárias, com medo de serem obrigados a se tratar ou ficar de quarentena, correndo o risco de perder o emprego e ter de pagar o tratamento a preço de ouro, comprometendo, assim, o orçamento familiar. Milhares morreram vítimas do sistema e da indiferença presidencial.

O presidente-candidato pagou o preço de seu descaso com a saúde pública e de sua sede em desfazer tudo o que foi feito por seu predecessor. Ao chegar à Casa Branca, suprimiu o cargo de responsável por pandemias no Conselho de Segurança Nacional, criado por Obama. Seu projeto de orçamento para 2021, apresentado um ano antes, previa novos cortes no Departamento da Saúde. Tentou destruir o Obamacare. Felizmente, não conseguiu.

Trump suspendeu o pagamento de 3 bilhões de dólares de contribuições para a Organização Mundial da Saúde e, depois, em plena pandemia, retirou os Estados Unidos da OMS.

A administração norte-americana foi acusada de ter desmontado os serviços de emergência, com ataques sistemáticos à ciência, de ter desacreditado especialistas que trabalhavam para o governo e motivado uma fuga de cérebros. O governo também foi criticado por ter feito pouco-caso quando soaram os primeiros alarmes. Em nome do combate ao globalismo, multiplicou *fake news* e perdeu um tempo precioso.

Essa situação tornou mais difícil a contenção da crise e obrigou Washington a liberar 1 trilhão de dólares.

Ingenuamente, poderíamos imaginar que a pandemia de covid-19 marcaria um basta na investida populista, por mexer com a saúde de bilhões de pessoas no mundo. Mas não, o coronavírus aguçou os instintos maléficos da direita mundial.

Líderes políticos e seus apoiadores no Brasil, nos EUA, na Europa não hesitaram em usar a crise sanitária como instrumento para atacar alguns dos alvos prediletos dos hiperconservadores, como o globalismo, a liberdade de circulação e a imigração. Chegaram até a apontar, dedo em riste, a responsabilidade dos comunistas, que embora praticamente não existam mais, foram acusados de disparar seus mísseis contra os "homens de bem".

Alguns, como o próprio Trump, chegaram a abraçar a tese de que a doença era parte de uma conspiração mundial das elites e das multinacionais do setor farmacêutico contra os valores conservadores da família e dos bons costumes. Em outras palavras, o coronavírus seria uma arma de destruição em massa manipulada pela esquerda liderada pela China.

Jair Bolsonaro chegou a falar em "invenção da mídia", para ele sinônimo de comunista, antes de ver seu secretário da Comunicação e outros membros da delegação brasileira serem contaminados pelo coronavírus após o jantar com Trump.

Shiva Ayyadurai, "cientista" americano de origem indiana com doutorado em Engenharia Biológica pelo respeitado MIT, autoproclamado criador do e-mail, influente em meios conservadores, foi ao extremo da teoria do complô. Tuitou: "O alarmismo do coronavírus pelo Estado entrará para a história como uma das maiores fraudes para manipular a economia, eliminar o dissenso e empurrar remédios obrigatórios."

Ayyadurai também escreve para o jornal on-line *Brasil sem Medo*, do ex-astrólogo e pseudofilósofo Olavo de Carvalho.

Sean Hannity, da TV Fox News, tido como um dos jornalistas mais próximos de Donald Trump, reagiu da seguinte forma: "Pode ser verdade."

Como dissemos anteriormente, Jeffrey Lord, assessor ultraconservador do presidente Ronald Reagan, assim qualificou a crise do coronavírus: "Uma nova estratégia da esquerda americana para desgastar Trump antes da eleição".

Na Europa, a covid-19 desencadeou uma epidemia de *fake news*; correram boatos de que o vírus teria escapado de um laboratório chinês, patenteado um ano antes por um instituto financiado por Bill Gates, proveniente de um complô inimigo iraniano. Outros citaram a existência de tratamentos simples, guardados em segredo para enriquecer os laboratórios farmacêuticos; outros, enfim, que quem está por trás de tudo é George Soros, fundador da Open Society Foundations, uma rede de ONGs que promovem os direitos humanos.

Em resposta, a OMS citou uma "infodemia", alertando para essas falsas teorias do complô que acabaram influenciando o comportamento das pessoas e contribuindo para a propagação do vírus.

ELEIÇÃO É MUITO, MAS NÃO É TUDO

A democracia, nos Estados Unidos, está doente e o remédio convencional - eleições - não será suficiente para curá-la. Num corpo político e social com fraturas intransponíveis, sem espaço de diálogo, compromisso e, portanto, de consenso, é praticamente impossível afirmar valores morais, princípios republicanos e até legitimidade baseados na vontade popular. Os quatro anos de Trump provocaram uma crise crescente de confiança nas instituições, com uma parte da população convencida de que a democracia é apenas um artifício dos políticos.

O espetáculo lamentável a que assistimos não é a velha clivagem entre esquerda e direita, entre progressismo e conservadorismo, é a oposição entre a decência e a falta de escrúpulo, entre a mentira e a verdade. Se a democracia hesita nesta escolha, como mostraram as eleições de novembro de 2020, é porque para muitos se tornou uma banal formalidade.

Em 2016, os EUA elegeram Donald Trump com a sensação de que a democracia liberal se tornara uma farsa. Em 2020, voltaram a lhe dar mais de 68 milhões de votos por acreditar que essa farsa continua.

A vitória de Joe Biden por alguns míseros votos nos *swing states* nos leva a apostar numa convalescença longa e penosa; embora ela tenha de ser comemorada, já que a reeleição teria prenunciado a agonia.

Se os americanos elegeram há quatro anos um fanfarrão, demagogo e despreparado, suspeitava-se de que o fizeram por raiva ou por protesto contra a sua adversária, representante da política tradicional. Mas como diz o editorial do jornal *Público*, de Lisboa, "se tantos americanos insistiram em Trump em 2020, depois de anos de erros, mentiras, logros, falsas promessas, perturbações e ameaças, cumplicidade com a guerra racial e cultural, falta de transparência em questões cruciais como os impostos, é porque a democracia se tornou uma moeda de escasso valor facial".

Na visão do historiador português José Pacheco Pereira, nessas eleições de 2020 a fratura eleitoral mais aguda nos EUA foi a que separou os eleitores brancos sem escolaridade de todos os demais. Para os "deploráveis", há aqui duas perdas: ser branco e já não ter os privilégios de sê-lo, em face dos negros, dos latinos e de todos os "não americanos"; e ser trabalhador manual, não ter um diploma e por isso ser marginal na sociedade, estar fora da elite.

Trump sempre desprezou a democracia. Ao falar para o "povo", olha para o seu umbigo. Prova disso é que nessas eleições voltou a se comportar como um líder autoritário numa democracia liberal. Transformou a Casa Branca em sede da campanha. Quebrou uma antiga tradição: o vencedor espera que o derrotado reconheça a derrota antes de proclamar vitória. Ele, no primeiro dia de contagem dos votos, anunciou a vitória. É este desprezo pela democracia, pelas suas regras e pelos seus rituais que torna o resultado tão rico em consequências.

Some-se a isso a hipermidiatização da figura de Trump. Praticamente toda a eleição se fez em torno das suas afirmações e da sua personalidade. Houve um grau de personalização do debate político digno de um regime ditatorial. As ideias políticas de Donald Trump, apesar de incoerentes e perigosas, foram amplamente divulgadas, contestadas ou ridicularizadas, mas nunca desprezadas a ponto de não ganhar espaço. Trump foi onipresente, dentro e fora dos EUA. O mesmo não se pode dizer de Joe Biden. A personalidade e ideias políticas do candidato democrata foram, quase sempre, transmitidas como uma vaga boa alternativa ideológica e moral às ideias e à personalidade execrável de Trump.

Por enquanto, a única conclusão segura é de que os Estados Unidos continuarão a ser um país profundamente dividido. "Depois de um choque econômico e de saúde pública, depois de quatro anos de drama exasperante, depois do *impeachment* frustrado, os americanos não rejeitaram de forma enfática nem Donald Trump, nem o trumpismo", escreveu Janan Ganesh no *Financial Times*.

Essa divisão de que fala Ganesh vê-se na quantidade irrisória de votos que decidiu a eleição em muitos estados, como nas atitudes opostas dos eleitores democratas e republicanos em quase tudo. O clima é uma prioridade para 85% dos democratas e para 39% dos republicanos. A pandemia é uma ameaça à saúde pública para 85% dos democratas e para 46% dos republicanos. O Black Lives Matter é apoiado por 88% dos democratas e por 16% dos republicanos.

O DESPERTAR DO PESADELO

Nunca pensei que Biden e Trump eram dois lados da mesma moeda. A vitória de Biden foi fundamental, pois sabemos agora que é possível derrotar a ignorância, o desprezo, a mentira, a desonestidade, a discriminação, o elogio do racismo e do supremacismo branco, as violações cotidianas dos direitos humanos. Em outras palavras que é possível barrar a ascensão do populismo nacionalista e retrógrado da extrema direita. Mesmo em tempos de pandemia.

Os Estados Unidos não mudarão radicalmente, o novo presidente continuará a pregar o *America First*, mas nós, democratas, compreendemos que a sobrevivência da era da pós-verdade não é inelutável. E isso já é muito. Enfim, vamos respirar.

A primeira consequência, portanto, da derrota de Trump é mostrar que o *tsunami* que encarnou e parecia em ascensão irreversível foi revertido. E isso é palpável. Além da incapacidade de solucionar problemas, o maior fracasso dos governos populistas de direita foi enfrentar a pandemia, tanto nos Estados Unidos como no Brasil ou na Índia.

Preocupante, porém, foi o fato de que, apesar da derrota em 2020, Trump teve 10 milhões de votos a mais que em 2016. Depois de quatro anos de incompetência, imoralidade, boçalidade, discriminação, 73.601.647 pessoas gostaram tanto que pediram repeteco.

A base eleitoral republicana permaneceu leal ao presidente, não o abandonou em nenhum momento, apesar dos sucessivos escândalos que chegaram ao ápice na denúncia de traição à pátria. De onde se conclui: os eleitores de Trump votaram nele porque gostam do conteúdo e deliram com o estilo. Há um processo de identificação de tal forma profundo que, pela primeira vez, a América moralista fez-se de cega às acusações de assédios e até de estupro, sob a alegação de que esses crimes faziam parte da vida privada do personagem.

A vitória de Biden foi um acontecimento de primeira grandeza porque todo esse clima político-ideológico deverá sofrer um enfraquecimento.

Os contenciosos internacionais como a globalização, a China, o aquecimento climático não vão desaparecer por milagre. Mas, pelo menos, será criada uma outra agenda com a prioridade ao clima, à economia verde de baixo carbono, à desigualdade crescente, à busca nas relações de cooperação para enfrentar desafios comuns, ao reforço do sistema multilateral da ONU e da OMC (tão maltratado nos últimos quatro anos), ao reforço dos direitos humanos, à igualdade de cor de pele e de gênero. Enfim, talvez acima de tudo, haverá uma rejeição à guerra cultural alimentada pelos fundamentalistas religiosos em matéria de homossexualismo, LGBT, aborto, controle de natalidade, temas encorajados pelo governo Trump, mas rejeitados por Biden.

Não se pode subestimar a importância desse momento decisivo da história. Quem pauta a agenda internacional ainda são os Estados Unidos, no futuro talvez seja a China, mas por enquanto são eles que dão as cartas.

Por tudo isso, a vitória de Biden é o despertar de um pesadelo. Anne Applebaum, autora de *O crepúsculo da democracia*, afirma que a derrota de Trump vai enfraquecer os populistas na Europa e no restante do mundo. A boa notícia é esta: Trump deixa de ser a caução dos autocratas. A vitória da moderação, nestes tempos de radicalização e polarização, pode representar um novo período de valorização da democracia e de rejeição da demagogia mentirosa de políticos sem escrúpulos.

Nem tudo serão rosas, mas já será muito.

Também devemos tirar um ensinamento óbvio do trumpismo, o de que não há democracia na desigualdade extrema. Num país onde os habitantes dos subúrbios empobrecem e 1% dos americanos controlam 40% da riqueza nacional, em que os mais ricos dos mais ricos - o top 1% - ganham um quinto do rendimento total gerado na economia americana e onde a metade menos afortunada ganha um pouco mais de 10% do rendimento do país, a tolerância acaba, a revolta cresce e a democracia se degrada.

É nesse pântano que nascem fenômenos como Trump. Ele não foi um mero acidente.

BIDEN CONHECE A EUROPA, QUE CONHECE BIDEN

Nos últimos anos, Emmanuel Macron se esforçou muito em manter um bom relacionamento com Donald Trump, mas foi em vão. A vitória de Joe Biden foi comemorada no Palácio do Eliseu, que reagiu imediatamente ao anúncio da vitória do democrata.

Com Biden, os governos europeus sabem com quem estão lidando. Poucos presidentes dos Estados Unidos acumulam tanta experiência em política externa.

Sem falar que o novo presidente dos Estados Unidos tem raízes francesas e irlandesas. Joseph Robinette Biden conhece a Europa e os europeus o conhecem.

Como senador, Biden se ocupou de política externa e escreveu um estudo sobre as guerras dos Bálcãs no início dos anos 1990. Como vice de Barack Obama, foi convidado para a Conferência de Segurança de Munique, o principal fórum transatlântico de debates.

O regresso ao multilateralismo prometido por Biden é um dos pontos de interesse dos parceiros europeus, com o retorno ao Acordo de Paris, à OMS e à Unesco. Já em relação ao Irã, Biden defende uma ruptura com a política externa de seu antecessor e uma reaproximação com a Europa para tentar reativar o acordo nuclear.

No entanto, Londres, Paris e Berlim não se iludem: mesmo com Biden na presidência, os Estados Unidos tratarão prioritariamente das questões políticas internas. Continuará vigorando o *America First*. O que, aliás, os europeus consideram justificado.

Em termos de conteúdo, também haverá uma certa continuidade na política externa de seu antecessor em muitas questões:

a relutância militar dos EUA não mudará com Biden, que quer uma rápida retirada das tropas americanas do Iraque. Da mesma forma que o novo presidente americano buscará o fortalecimento da Aliança Atlântica através do financiamento europeu.

Para Biden, como para Trump, a Europa não será uma região central em termos de política externa. Washington olha para a Ásia e vê a ascensão da China como a maior ameaça à segurança e à prosperidade. No entanto, os Estados Unidos terão de contar com a Europa para restaurar a influência dominante do Ocidente na cena internacional.

Um documento da União Europeia denominado "Uma nova agenda UE-EUA para uma mudança global" lembra que, "somados, o nosso poder e a nossa influência global continuam a ser incomparáveis", bem como "indispensáveis" para sustentar a cooperação mundial no século XXI.

Os pontos dessa nova agenda global são: a resposta à pandemia; a proteção do planeta; a tecnologia, o comércio e as normas internacionais pelas quais se devem reger; um mundo mais seguro, mais desenvolvido e mais democrático. Neste último capítulo, a Europa dá um (pequeno) passo rumo ao Oriente, ao propor uma "parceria mais estreita em diferentes arenas geopolíticas", incluindo a China.

União Europeia e Estados Unidos estão de acordo sobre o desafio estratégico colocado pela crescente presença internacional da China. A Europa propõe-se a superar esta "dificuldade" graças à abertura de um novo "Diálogo sobre a China" entre as duas margens do Atlântico, que permita "criar os mecanismos para defender os interesses comuns e gerir as diferenças".

A União encontrou uma fórmula suficientemente ambígua para o seu relacionamento com a China, considerando-a, ao mesmo tempo, um parceiro, um concorrente e um "rival sistêmico".

A nova Guerra Fria entre os EUA e a China se tornou ainda mais violenta perante o declínio americano como primeira potência mundial. Para se manter na liderança, Washington exige solidariedade dos aliados europeus, mas abandona a Europa à própria sorte em face dos gigantes norte-americanos da comunicação – Google, Apple, Facebook e Amazon.

A União Europeia vive um momento de definições, da gestão do combate anticovid-19 e do Brexit à preparação do mundo ocidental pós-Trump e de uma Europa pós-Merkel.

O bloco sai da crise pandêmica com cerca de 9% de quebra do PIB. O risco da pobreza aumentou, mas é muito desigual entre os 27 países da União; entre 25% e 32% para um grupo de países e entre 12% e 17% para o outro grupo. O desemprego entre os jovens é de 17,3%, chegando, contudo, a 40% na Espanha. Diante dessa realidade e da revolução anunciada pela Inteligência Artificial, a saída à vista é a renda básica universal.

O Estado democrático social é a única alternativa à barbárie da economia de morte que transforma a letalidade da pandemia numa forma de darwinismo social.

A Europa orgulha-se de ser hoje o continente que mais respeita a democracia e os direitos humanos. Mesmo assim, não se pode negar que houve retrocessos graves nas últimas décadas. A pandemia veio mostrar que a degradação das políticas sociais causada pelas receitas neoliberais tornou mais difícil a defesa da vida frente às desigualdades sociais e à deterioração dos serviços públicos.

A AMEAÇA EXISTENCIAL

"A distopia que se viveu nos últimos quatro anos da gestão trumpista parece ter assanhado, na linguagem de Bertolt Brecht, a "cadela do fascismo" a entrar no cio novamente em várias partes do mundo, sobretudo em alguns países da América Latina, onde a instabilidade política é, e sempre foi, regra. Apesar das nuances de cada regime político e dos perfis eleitorais de cada país latino-americano, a região tem em comum a alta concentração de riqueza em elites hereditárias detentoras de poder político e uma economia dependente de commodities e, por conseguinte, do zigue-zague da moeda verde dos nossos encimados vizinhos."

Pedro Sampaio Minassa, colunista do *Público*

A Europa, até ontem vista como o núcleo da democracia liberal, nascida e inspirada no Iluminismo do século XVIII, enfrenta a sua mais profunda "crise existencial" desde a fundação da Comunidade Econômica Europeia (organização supranacional fundada em 1951 para fomentar a integração econômica e a paz) e posteriormente da União Europeia (hoje com 27 países-membros). Apesar de seu modelo social único no mundo, com a sua imensa diversidade cultural, que é, em boa medida, a explicação de seu sucesso, o bloco não tem conseguido reencontrar o caminho da unidade e alguns de seus membros correm em sentido contrário.

Ao apostar no *Green Deal* como sua matriz de desenvolvimento futuro e inspiração para todo o planeta em face do aquecimento global, a Europa tem, forçosamente, de superar a sua fragmentação, que estimula e exacerba os populismos. É uma luta contra o tempo, até agora perdida, diante da fragilização provocada, entre outros fatores, pelo Brexit, que consegue ser ruim tanto para quem "fica" como para quem "sai", independentemente dos devaneios líricos do primeiro-ministro conservador Boris Johnson.

Hoje, o risco de que outros países, sobretudo do Leste Europeu, sintam-se tentados a se jogar nos braços de Washington, Pequim ou Moscou, e assim provocar a implosão do bloco, diminuiu, porém não desapareceu.

Apesar de multiformes, encontramos alguns denominadores comuns entre as várias expressões do extremismo de direita na Europa: posições políticas nacional-populistas, conservadoras, contrárias ao multiculturalismo e às reivindicações identitárias, anti-imigração, recrudescimento do antissemitismo, euroceticismo, posições soberanistas, islamofóbicas, reforma autoritária das instituições. Os ultradireitistas cultivam a utopia da "sociedade fechada".

Hoje temos uma extrema direita populista eleitoralmente forte e bem implantada em inúmeros países europeus: França, Holanda, Bélgica, Reino Unido, Itália, Grécia, Suécia, Finlândia, Áustria, Dinamarca, Suíça, Noruega, Espanha, Hungria, Polônia, República Tcheca, Eslováquia, Bulgária, Letônia, Lituânia e, mais recentemente, Portugal. Isso sem falar no surgimento, em 2013, do espantalho neonazista na Alemanha, país que acreditou estar livre desse câncer para todo o sempre.

O movimento é recente, mas é um engano pensar que data de ontem. Há cerca de 30 anos a globalização suscita angústia, sentimento de desilusão e perda em grande parte das classes média e popular dos países ocidentais. Praticamente, pela primeira vez no pós-guerra e desde a queda do muro de Berlim, o poder aquisitivo estagna e até cai; a próxima geração corre o risco de ter uma qualidade de vida inferior à de seus pais. A concorrência internacional teve como corolário a concentração ainda maior da riqueza; os 26 indivíduos mais ricos detêm 50% do patrimônio mundial, enquanto os 2,7 mil bilionários têm mais riqueza em suas mãos que a soma de 60% da população mundial. Tal desequilíbrio provocou a desindustrialização e a transferência de atividades e de empresas, sobretudo para a Ásia, o multiculturalismo, as migrações maciças, mudanças profundas dos usos e costumes e o abandono dos partidos tradicionais de centro-direita e centro-esquerda em benefício de lideranças que reclamam ser estrangeiras ao *establishment*. As pessoas ficaram confusas, com um sentimento de perda de identidade, e passaram a reclamar a adoção de medidas protecionistas.

No recente artigo "Democracia e globalização", a historiadora portuguesa Maria de Fátima Bonifácio, pesquisadora do Instituto de Ciências Sociais da Universidade de Lisboa, questiona se a democracia é viável ou adequada num quadro de globalização.

Ela lembra que as democracias implantaram-se no contexto do Estado-nação, dentro de um território determinado, e se afirmaram no dia em que o sufrágio universal triunfou: uma pessoa, um voto. A partir de então, as eleições, sobretudo legislativas, tornaram-se o critério máximo da política. Desde o final da Segunda Guerra Mundial, o regime funcionou. Hoje, porém, há uma rejeição maciça desse modelo, que até há pouco parecia ser o único legítimo.

A desglobalização não acontecerá no futuro, é algo que já está aqui entre nós. A desglobalização social é feita de cima para baixo e já tem os seus comandantes políticos: Trump, Bolsonaro, Duterte, Modi, Orbán. A ascensão dos nacionalismos é a ponta do iceberg dessa desglobalização, embora seja mais óbvia nos assuntos que impactam a humanidade e o seu futuro – alterações climáticas, direitos humanos, pandemias. A segunda fase desse fenômeno virá depois, nos assuntos que afetam a burguesia capitalista internacional, como o comércio e a financeirização. A desglobalização econômica, antítese do capitalismo, será construída pela destruição ambiental, sob a forma de catástrofes naturais, pandemias e crises sucessivas.

O ativista climático João Camargo prevê que com a crise do coronavírus, precipita-se outra fase da desglobalização e da crise orgânica do capitalismo neoliberal: a imprescindibilidade dos serviços públicos, o resgate de economias inteiras, o colapso de boa parte da economia inútil, das rendas e dos juros, das transações financeiras, do turismo de massas, da importação e exportação sem outro objetivo que a obtenção de lucros. Setores inteiros da economia capitalista não irão se levantar na próxima década.

Nos anos 1990, com a globalização acelerada, o poder do Estado passou a ser muito menor. Consequência: o descontentamento com a democracia cresceu e generalizou-se.

Os estragos no nível da pandemia são patentes. Os Estados estavam totalmente despreparados para enfrentar o novo coronavírus, até máscaras para o pessoal médico faltaram.

LIBERDADE PARA QUÊ? PARA QUEM?

Há décadas, escreve Maria de Fátima Bonifácio, duram as queixas contra poderes democraticamente eleitos, mas que, uma vez instalados, os eleitores não se sentem representados. "Eleições esdrúxulas como a de Bolsonaro ou Trump explicam-se, entre possíveis outras causas, pela distância entre os políticos (o Poder) e o eleitorado. Os 'representantes do povo' são vistos como uma oligarquia fechada sobre si mesma, falando uma língua própria que o comum dos mortais não entende."

Existe, no mundo ocidental, uma generalizada desconfiança, um generalizado desencanto com a democracia e desinteresse pela liberdade individual e coletiva. "A liberdade interessa a poucos, porque a grande maioria não sabe o que fazer dela e com ela."

"Abraham Lincoln, que foi um Presidente republicano assassinado por extremistas de direita, dizia que quem nega a liberdade dos outros não merece a liberdade. É notável que nos vejamos em pleno século XXI a relembrar uma ideia de meados do século XIX para reafirmar o que parece óbvio. Este também é um reflexo de como hoje se distorce o conceito de liberdade."

A LIBERDADE DE DESCONSTRUIR A VERDADE

Ninguém quer saber se a desindustrialização das grandes economias ocidentais, ao mesmo tempo que produz desemprego e deprime os salários no mundo ocidental, tem tirado da miséria absoluta centenas de milhões de asiáticos. Nada mais natural: ao contrário do que afirmara Jean-Jacques Rousseau, a generosidade não é uma qualidade congênita da natureza humana.

O Iluminismo, tão caro aos democratas liberais, ficou para trás. As ideias vindas do século XVIII, centradas na razão como principal fonte de autoridade e legitimidade, nos princípios do conhecimento crítico, da ciência e nos ideais de liberdade, progresso, tolerância, fraternidade, fim da tirania e das superstições herdadas da Idade Média, separação entre Igreja e Estado, governo constitucional, são hoje desprezadas. O famoso bordão que se refere a Paris como "Cidade Luz" pertence ao passado, já não faz sentido.

Em uma frase, os ultranacionalistas populistas, como a ministra Damares Alves, destroem séculos de progresso em segundos: "A igreja evangélica perdeu espaço na história. Nós perdemos o espaço da ciência quando deixamos a teoria da evolução entrar nas escolas, quando não questionamos, quando não fomos ocupar a ciência. A igreja evangélica deixou a ciência pra lá e aí cientistas tomaram conta dessa área. Precisamos reagir."

Reagir contra a ciência, em nome de Deus...

A reação à qual se referiu a ministra pastora evangélica tem tido efeitos alucinantes. De acordo com um levantamento realizado pelo Pew Research Center, centro de pesquisa americano, baseado em entrevistas com 32 mil pessoas de 20 países, o Brasil tem a maior proporção de pessoas que não confiam nos cientistas: 36% dos brasileiros dizem ter pouca ou nenhuma confiança nos pesquisadores.

Na média dos países pesquisados, 36% das pessoas disseram confiar muito nos cientistas, 40% às vezes e 17% pouco ou nada. No Brasil, só 23% disseram confiar muito e 36% às vezes.

"A pesquisa apresenta um retrato global da opinião pública sobre o papel da ciência na sociedade. É importante identificarmos essas percepções agora que os desafios da pandemia do coronavírus lançam luz para questões como as vacinas, mudanças climáticas e desenvolvimento em inteligência artificial", comentou Cary Funk, diretora de pesquisa em ciência e sociedade do Pew.

"Educação e ideologia influenciam a forma como as pessoas enxergam os cientistas. As que têm mais anos de estudo e que se identificam politicamente como sendo de esquerda expressam maior confiança nos cientistas", diz o relatório.

Na escala global, escreve a comentarista internacional Teresa de Souza, no jornal português *Público*, as primeiras décadas do século foram marcadas pela emergência dos "homens fortes", que exploram as fragilidades dos países onde a desigualdade é mais gritante e a corrupção mais chocante. São arautos de um discurso nacionalista, que aponta o dedo às forças externas para explicar problemas internos. Putin, que já era um modelo consagrado, tem hoje vários seguidores. No Brasil, Bolsonaro; nas Filipinas, Duterte; na Turquia, Erdogan; na Índia, Narendra Modi, autor de uma lei que só garante a cidadania plena aos hindus.

Ali, a religião tornou-se critério de cidadania.

Na visão de Amit Singh, pesquisador do Centro para o Estudo das Línguas e Sociedade Indianas e autor de *The Conflict of Freedom of Expression and Religion: a Case Study from India*, o país liderado pelo primeiro-ministro Modi passou de uma vibrante democracia para um país brutal, em que Gandhi cedeu seu lugar a Savarkar - ideólogo hindu de inspiração fascista. Meios de comunicação, acadêmicos e o judiciário foram purgados de dissidentes. Uma hedionda forma de nacionalismo hindu se impôs. A mídia, controlada pelo governo, demonizou as opiniões de esquerdistas, comunistas, liberais e seculares, consentindo com a ação de construção de um hegemônico culto hindu à tradição, a espalhar a sua peçonha xenófoba contra minorias religiosas: sikhs, budistas, jainistas, parses, muçulmanas e cristãs que afluíram do Paquistão, Bangladesh e Afeganistão, fugindo de perseguição.

OS EXTREMISMOS DE VOLTA COM FORÇA TOTAL

O ódio, sob as suas várias aparências, vai tomando conta do mundo, entre fanatismos, populismos e extremismos, principal mas não exclusivamente de direita.

Há quem diga, com razão, que essa situação não é nova, que temos exemplos recentes como as duas guerras mundiais no século XX e o "equilíbrio do terror" que seguiu. A divisão do mundo entre comunistas à leste e capitalistas à oeste parece definitivamente ultrapassada. Numa decisão recente, o Parlamento Europeu nivelou no horror os regimes comunistas, fascistas e nazistas, equiparando todos os campos de concentração, chamem-se eles gulag, de reeducação ou de "trabalho".

Não se pode medir a barbárie em números, senão na crueldade de seus ditadores – nazistas, fascistas ou comunistas. Todos genocidas. Segundo um grupo de historiadores, sob a coordenação de Stéphane Courtois (*O livro negro do comunismo*), foram exterminados quase 20 milhões de indivíduos na União Soviética, 65 milhões na China, 2 milhões no Camboja, só para citar alguns exemplos da "barbárie de esquerda".

Regimes e ideologias totalitários são por natureza profundamente lesivos à humanidade, pouco importa que seus dignatários tenham por nome Hitler, Mussolini, Lenin, Stalin, Mao, Pinochet, Videla, Franco, Salazar, Médici ou Pol Pot.

O que pode parecer surpreendente é que não aprendemos quase nada com a história recente, cujas feridas não tiveram sequer tempo de cicatrizar: os extremismos regressam com força, quer sob aparência política, quer religiosa.

Em outubro de 2019, os partidos de extrema esquerda e de extrema direita obtiveram mais da metade dos votos na Turíngia (pequeno estado da Alemanha central, que viveu o nazismo e o comunismo), enquanto as agremiações de centro somaram menos de um terço dos sufrágios: 30% Die Linke, 23% AfD. O resultado deu lugar a uma crise política local e nacional, com a herdeira proclamada da chanceler Angela Merkel desistindo da sucessão prevista para 2021. O resultado eleitoral foi altamente simbólico. Pela primeira vez na Alemanha do pós-guerra, um político eleito para governar um estado da federação foi indicado para o cargo com o apoio de um partido populista de extrema direita. Por pressão da chanceler, acabou sendo obrigado a renunciar e novas eleições foram marcadas.

Além dos tormentos do passado nazista, da opressão totalitária com perseguição de opositores políticos pela Gestapo e execução em massa de judeus, ciganos, homossexuais, entre outros, há ainda o espectro do muro de Berlim e do passado comunista. A antiga República Democrática Alemã (RDA) não foi um modelo de respeito das liberdades individuais, da democracia e dos direitos humanos. Pelo contrário, deixou um rastro de opressão e de perseguições com memórias negativas que ainda estão vivas entre muitos alemães.

A AfD da Turíngia é dominada pela ala do partido conhecida como Flügel, liderada por Björn Höcke, político que um tribunal alemão, numa decisão raríssima, decidiu que pode ser chamado de fascista por causa de suas declarações de cunho xenófobo e racista e que relativizam os crimes nazistas.

Os alemães fizeram o trabalho de memória que se impunha? Sim e não. Fizeram muito, mas não terminaram o trabalho.

Em 2019, registraram-se na Alemanha 1.241 atos criminosos contra políticos, minorias e representantes públicos alemães, quase sempre cometidos por elementos de extrema direita. Esses atos criminosos vão de ameaças de morte a assassinatos.

O presidente da Alemanha, Frank-Walter Steinmeier, em seu discurso na cerimônia dos 75 anos da libertação do campo de Auschwitz, em janeiro de 2020, lançou uma séria advertência, de que não se pode afirmar que os alemães tenham aprendido com a História e de que o "ódio está se espalhando novamente". Salientou que crianças judias são cuspidas nas escolas. Como nos anos 1930/40.

Supõe-se que as cuspidas não venham de adultos, e sim de outras crianças, o que torna tudo isso mais assustador, nas palavras do chefe de Estado.

Na noite de 19 de fevereiro de 2020, na cidade de Hanau, perto de Frankfurt, um atirador de extrema direita matou nove pessoas em dois bares de narguilé, por motivos racistas. Os locais eram frequentados por imigrantes, a maioria de origem turca.

Em outubro, um outro atirador, este antissemita, abriu fogo contra uma sinagoga durante o Yom Kippur, data sagrada do judaísmo, na cidade de Halle; matou duas pessoas e transmitiu a ação ao vivo, via redes sociais.

Se por um lado as autoridades alemãs baniram vários grupos de extrema direita que defendiam a violência, por outro o partido AfD, neonazista, tem ganhado espaço, como aconteceu na Turíngia.

"O racismo é um veneno, o ódio é um veneno, e esse veneno existe na sociedade e é responsável por muitos crimes", afirmou Merkel.

Segundo um relatório publicado pelo governo alemão no dia 6 de outubro de 2020, a polícia e as Forças Armadas estiveram diretamente envolvidas em, ao menos, 500 casos ligados ao extremismo de direita. E 29 policiais foram suspensos na região de Hesse sob suspeita de compartilharem nas redes sociais imagens de Adolf Hitler, da suástica e de outras personalidades e símbolos nazistas, além da fotomontagem nauseabunda de um refugiado numa câmara de gás.

Merkel define os extremismos de direita como movimentos contra a igualdade fundamental dos seres humanos e os direitos humanos. "Os extremistas de direita são inimigos do Estado constitucional democrático e têm uma compreensão autoritária do Estado."

Um outro relatório oficial mostrou uma alta de 10% do número de crimes cometidos por extremistas de direita no país em 2019. Foram 22 mil casos.

O mal se alastra como a peste.

Daphne Halikiopoulou, professora da Universidade de Reading, no Reino Unido, alerta:

> Se na década que agora terminou assistimos ao aparecimento dos movimentos populistas associados à extrema direita, na nova década assistiremos à concretização daquilo que defendem, ou seja, a passagem da sua linguagem insultuosa, da sua retórica estridente e das suas propostas absurdas e contrárias ao humanismo para o *mainstream* da política, ou seja, para a normalidade do cotidiano. De espécies exóticas,

> que pela sua barbaridade e falta de preparo eram motivo generalizado de chacota, passarão a atores tão legítimos como quaisquer outros do espaço público.

Na Itália, com Matteo Salvini à frente, reinou a intolerância. Na França, dos coletes amarelos, *black blocs* e protestos contra a reforma do sistema de aposentadorias, multiplicaram-se as manifestações violentas nas ruas (inclusive da polícia), vindo a beneficiar a imagem da líder da extrema direita Marine Le Pen, apontada como possível sucessora de Emmanuel Macron. Na Espanha, são os independentistas catalães moderados que travam a brutalidade dos extremistas.

No Paquistão, milhares de fundamentalistas dirigem-se quase diariamente para Islamabad, a fim de protestar contra o que alegam ser um governo ilegítimo.

A próxima década, como disse, será decisiva para o futuro da democracia. A ideia do Ocidente como uma aliança com alguma base moral foi fortemente abalada nas últimas décadas.

O destino do mundo está suspenso à imprevisibilidade desses retrógrados fascistoides mentirosos patológicos. E isso é de dar calafrios, quando sabemos que rareiam à volta deles conselheiros capazes de contrariá-los.

Aliás, a utilização sistemática da mentira é uma das características desses populistas autocratas. Eles usam e abusam da fabulação e da teoria do complô como armas políticas. Suas receitas são simples e eficazes, demandando apenas imaginação, talento oratório e muito cinismo: agitar o perigo iminente, denunciar as instituições, se apresentarem como salvadores da pátria e encarnação do povo. Eles consideram que só têm de prestar contas ao seu eleitorado. Também acreditam que membros nomeados de seu governo, servidores públicos e autoridades eleitas de seu partido devem lealdade a eles e não ao país.

Aproveitando-se de um contexto favorável, o líder populista utiliza o sufrágio universal para restabelecer, através da sua pessoa, a "soberania popular", num combate denunciador da elite corrompida, que antes dele havia ocupado o poder em benefício próprio.

Em outras palavras, o populista fala em nome do "povo", decide em nome dele, rejeita o pluralismo e os direitos das minorias, ataca as instituições criadas para protegê-las. Agem como se ele e o povo fossem uma só e única entidade. Assim, quem discorda é inimigo. O novo extremista governa unicamente para aqueles que pensam como ele, em nome da suposta maioria que o elegeu, com o objetivo de destruir tudo o que seus antecessores fizeram. Nesse aspecto, os exemplos de Bolsonaro em relação a Lula e de Trump em referência a Obama são notáveis.

A democracia não é a ditadura da maioria, ao contrário, ela se mede pela defesa e inclusão das minorias.

O populismo demagógico é o contrário da democracia. Como escreveu Alexander Hamilton no primeiro dos *Documentos federalistas*, "dos homens que derrubaram as liberdades das repúblicas, o maior número iniciou suas carreiras cortejando obsequiosamente o povo; começaram como demagogos e terminaram como tiranos".

O populismo de direita tende a associar o autoritarismo ao etnocentrismo; o populismo de esquerda enfatiza as desigualdades sociais. Em ambos os casos, o adversário é a democracia liberal.

A dissociação entre a democracia e o liberalismo é, segundo Yascha Mounk, o fenômeno político do momento. É dela que nascem as "democracias" ditas iliberais, como a Hungria de Viktor Orbán.

Entre os populistas ultranacionalistas, Trump foi visto como uma espécie de Grande Irmão, um exemplo a ser seguido. A ideia do Ocidente como uma aliança com alguma base moral será fortemente abalada na próxima década.

"Hoje, as quatro democracias mais povoadas - Índia, Brasil, Indonésia e Estados Unidos - são governadas por indivíduos que proclamam ser a representação exclusiva do povo; todos os que não estão de acordo são considerados traidores", escreveu Yascha Mounk, professor de Teoria Política da Universidade de Harvard, em *O povo contra a democracia.*

Segundo o historiador e ex-ministro da Educação de Portugal, David Justino, três acontecimentos quebraram o dinamismo do binômio liberalismo econômico-democracia liberal: o 11 de Setembro e as retaliações que se sucederam à crise financeira de 2008, seguidos da recessão que em alguns casos se prolongou até 2013, e, por último, a pandemia de covid-19, que antecipou e aumentou o risco de uma nova recessão em escala global. O impacto desses três acontecimentos na economia mundial e nas democracias liberais foi tão profundo que abalou as suas estruturas. Diz Justino:

> Por contraste, o modelo de capitalismo autoritário ganhou novos protagonistas e tem revelado um incontestável sucesso em países como Cingapura e China, através da recuperação do modelo de capitalismo de Estado, a que poderemos juntar a Rússia e alguns países do Leste Europeu. Tratando-se de experiências com características diferentes, têm em comum o papel intervencionista e de regulação coerciva da economia por parte do Estado, a rejeição do pluralismo partidário, a repressão da dissidência e a limitação da liberdade de expressão e de informação.

Para Justino, o capitalismo liberal cedeu perante o capitalismo autoritário. A incerteza, o medo, a insegurança e a crise econômica e social abriram caminho para as vias autoritárias, para o fechamento nacionalista e para o populismo.

NAZISTAS COM BOLSONARO, CONTRA O STF

No dia 31 de maio de 2020, na avenida Paulista, a manifestação pró-Bolsonaro, contra o Congresso e o STF, chamou a atenção por conta da presença de um novo símbolo. Além das bandeiras do Brasil, Estados Unidos e Israel, havia uma outra, vermelha e preta. Ao centro, um tridente branco, semelhante ao que aparece no brasão da bandeira da Ucrânia.

Na ocasião, o embaixador da Ucrânia no Brasil, Rostyslav Tronenko, afirmou que aquela era uma "bandeira histórica", que simbolizava a terra fértil do país (em preto) e "o sangue que os ucranianos derramaram na luta pela sua soberania", em vermelho. Já o tridente era uma alusão à santíssima trindade - uma forma de lembrar o príncipe Vladimir, do século X, que levou o cristianismo à Ucrânia.

A verdade é um pouco diferente: a bandeira presente na Paulista foi apropriada por um grupo ucraniano de extrema direita muito atuante no país desde 2013, o Pravy Sektor, Setor de Direita, que reúne movimentos ultranacionalistas.

A atuação mais célebre do Pravy Sektor aconteceu em 2014, quando o grupo ultradireitista participou da onda de protestos que derrubou o então presidente Viktor Yanukóvytch, um aliado na Rússia.

Naquele ano, em entrevista à BBC, um dos membros do Pravy Sektor afirmou que a ideia mais popular entre seus integrantes era a de uma "nação única" e "limpa", próxima do ideal purista de Adolf Hitler.

Recentemente, os integrantes de setores da extrema direita participaram de grupos paramilitares que lutavam na região Leste do país, contra os separatistas russos.

Nos últimos anos, a Ucrânia tornou-se o campo de treinamento militar da extrema direita mundial, sendo para a extrema direita o que a Síria foi para o Estado Islâmico.

Ali, militantes do mundo inteiro recebem treino com armas de fogo, estudam táticas de ação e técnicas de guerra e guerrilha, com o objetivo de formar redes internacionais. Uma vez formados, os militantes nazifascistas vão lutar contra os russos no Leste da Ucrânia ou regressam aos seus países com a missão de criar células locais. Entre os estrangeiros que receberam treinamento está Sara Fernanda Giromini, conhecida como Sara Winter, sobrenome emprestado de uma espiã nazista.

A Ucrânia é hoje o principal polo da extrema direita mundial. Até 2019, 4 mil estrangeiros de mais de 35 países receberam treinamento militar e doutrinamento ideológico. Uma dessas milícias, o Regimento Azov, criado em 2014, abertamente neonazista, transformou-se num Estado dentro do Estado ucraniano, além de estender tentáculos por toda a Europa e mundo afora.

O terrorista responsável pelos massacres em duas mesquitas na Nova Zelândia, em março de 2019, usava um colete à prova de balas com o símbolo do Regimento Azov. No manifesto que escreveu justificando os atentados, afirma ter sido formado na Ucrânia.

Os massacres chamaram a atenção para os riscos que essa extrema direita na Ucrânia representa sobretudo para a Europa e EUA, seja por causa de possíveis atentados terroristas cometidos por pequenas células ou pelos chamados lobos solitários, seja então porque, ao regressarem aos seus países, os estrangeiros treinados têm por missão criar organizações neonazistas, como o 300 do Brasil, que acampou, armado, na esplanada em frente ao Palácio presidencial.

Em junho de 2020, o Brasil contava 349 células nazistas em atividade, de acordo com uma pesquisa feita por Adriana Abreu Magalhães Dias, antropóloga da Unicamp, baseada em dados da organização não governamental SaferNet Brasil, entidade brasileira que promove e defende os direitos humanos na internet. Seis meses antes, eram 334. Porém, o que mais aumentou não foi a quantidade de células, e sim o número de seus membros: 5 mil no final de 2019 contra 7 mil em junho de 2020.

Foram 3.616 denúncias recebidas pela SaferNet, segundo números consolidados no dia 28 de junho; um aumento da ordem de 11.564% em um ano.

A maioria dos grupos se concentrava nas regiões Sul e Sudeste, dividindo-se em 17 movimentos distintos, entre hitleristas, supremacistas, separatistas, negacionistas do Holocausto, seções locais da Ku Klux Klan (KKK).

A pesquisa registrou grupos localizados em cidades como Fortaleza, João Pessoa, Feira de Santana (BA) e Rondonópolis (MT). No entanto, o estado com mais células foi São Paulo, com 89 grupos, sendo 28 só na capital, seguido de Santa Catarina, com 85, Paraná (74) e Rio Grande do Sul (47). Considerando as populações, os catarinenses têm a maior concentração dessas células em atividade. São 11,8 por milhão de habitante, contra 1,9 por milhão no Sudeste. Em Santa Catarina, as células são compostas por até 100 pessoas.

"O cenário catarinense acaba se tornando propício para a emergência de grupos neonazistas porque existe a valorização de uma identidade específica e o apagamento da diferença e da diversidade. E, de forma descontextualizada e generalizada, a imigração europeia acaba permanecendo na base dessa construção identitária", analisa a historiadora Eloisa Rosalen, da Universidade Federal de Santa Catarina.

Há exemplos também de estados que estavam sem registros de atividades até pouco tempo atrás, mas que começaram a formar seus primeiros grupos neonazistas a partir da eleição de Jair Bolsonaro, como Goiás, que já possui seis.

Em suas pesquisas especializadas na ascensão da extrema direita, Adriana Dias também identificou mais de 6.500 endereços eletrônicos de organizações nazistas em língua portuguesa e dezenas de milhares de neonazistas brasileiros em fóruns internacionais.

No Brasil, nazismo é crime. O artigo 20 da Lei 7.716/1989 ressalta que "fabricar, comercializar, distribuir ou veicular símbolos, emblemas, ornamentos, distintivos ou propaganda que utilizem a cruz suástica ou gamada, para fins de divulgação do nazismo", é passível de "reclusão de dois a cinco anos e multa".

O país é signatário de dois acordos internacionais contra discriminações às minorias: a Convenção Internacional sobre a Eliminação de Todas as Formas de Discriminação Racial, de 1968, e a Convenção Americana de Direitos Humanos, conhecida como Pacto de São José da Costa Rica, de 1992.

Mas a se acreditar nos depoimentos de policiais "antifas", a lei não é aplicada.

A conclusão é do jornal *El País Brasil*:

> A sombra da suástica nazista avança no Brasil de Jair Bolsonaro. Empoderados pelo discurso racista, anticomunista, armamentista e LGBTfóbico do presidente, grupos radicais de extrema direita e de inspiração hitlerista proliferam nas redes, e não hesitam em se mostrar em pequenos grupos nas ruas com bandeiras, palavras de ordem e, por vezes, violência. O crescimento dessa vertente de ultradireita no país durante o Governo Bolsonaro pode ser quantificado na internet. Segundo levantamento realizado pela *SaferNet*, em maio de 2020 foram criadas 204 novas páginas de conteúdo neonazista (muitas ligadas ao supremacismo branco alardeado por Olavo de Carvalho), contra 42 no mesmo mês do ano passado e 28 em maio de 2018. Segundo a ONG, há uma relação de causalidade entre o que diz e faz o presidente

e essa radicalização nas redes. Em nota, a entidade afirmou ser "inegável que as reiteradas manifestações de ódio contra minorias por membros do Governo Bolsonaro têm empoderado as células neonazistas no Brasil".

O fascínio do neonazismo com o presidente cresceu com alguns gestos de Bolsonaro, como um brinde com copo de leite durante uma de suas lives. O copo de leite é um dos símbolos usados por supremacistas brancos.

Na verdade, a simpatia dos neonazistas pelo capitão é antiga. Em 2011, usuários brasileiros do site *StormFront* realizaram um "ato cívico" em prol do então deputado federal Jair Bolsonaro no vão livre do Masp, na avenida Paulista.

MISANTHROPIC BRASIL

Notório militante político de extrema direita na Itália e em outros países da Europa, Francesco Fontana esteve no Brasil entre outubro e novembro de 2015 para encontrar um grupo de simpatizantes.

Ligado a CasaPound, movimento neofascista italiano, o militante ganhou fama por ser um dos primeiros estrangeiros a lutar na guerra civil da Ucrânia, em 2014. Em maio daquele ano, ele juntou-se ao Batalhão Azov para combater os separatistas pró-Rússia. Fontana também integrou a organização paramilitar nacional-socialista Misanthropic Division (MD), que ganhou força com o acirramento dos conflitos na Crimeia e criou ramificações na Rússia, Belarus, Alemanha, Argentina, Brasil e nos Estados Unidos.

Fontana era responsável por cooptar pessoas para a Misanthropic. Buscava guerrilheiros urbanos e mercenários para lutar na Ucrânia, segundo afirmações do delegado Paulo César Jardim.

Misanthropic Brasil foi criada em 2016. O surgimento do grupo, filial da entidade neonazista Misanthropic Division, coincidiu com a ascensão de Bolsonaro. Foi em 2016 que ele anunciou a intenção de disputar a eleição presidencial.

Hoje, no Ocidente, o terrorismo de extrema direita é considerado tão ou mais perigoso que o jihadismo islamita.

Como o Azov é financiado? O movimento recebe centenas de milhares de euros do governo de Kiev para programas de apoio político e militar, além de incentivo ao patriotismo da juventude; crianças com 9 anos recebem treino militar.

O movimento Azov tem uma forte presença nas redes sociais, várias revistas e uma rádio. Sempre que um companheiro de armas é morto em combate, organizam-se cerimônias com tochas, um simbolismo emprestado do supremacista branco KKK. Isso explica a presença das tochas em um ato dos bolsonaristas liderados por Sara Winter em frente ao Supremo Tribunal Federal.

Nos últimos anos, os torneios internacionais de artes marciais têm servido para recrutar, confraternizar e criar ligações entre os movimentos de extrema direita. Militantes europeus participam de torneios de MMA organizados por figuras e grupos ligados ao Azov ucraniano.

O número de combatentes estrangeiros que já lutaram na guerra que opõe o Estado ucraniano aos separatistas pró-russos é assustador: 18 mil, originários da Suécia, Estados Unidos, Israel, Itália, Dinamarca, Alemanha, França, Portugal, do movimento neonazista russo e até do Brasil.

FALTA DE MEMÓRIA

Uma pesquisa publicada em setembro de 2020 mostrou que mais de 63% dos jovens adultos norte-americanos não sabiam que 6 milhões de judeus foram exterminados durante a Segunda Guerra pelos nazistas.

Ou seja, quase dois terços dos jovens adultos estadunidenses ignoram quase tudo sobre o Holocausto, enquanto um em cada dez acredita que os judeus foram responsáveis pelo genocídio. A pesquisa mostrou também que cerca de metade dos entrevistados não conseguiu nomear um só campo de concentração ou um gueto criado durante a Segunda Guerra Mundial.

Estes são alguns dos resultados de um estudo apresentado em setembro de 2020 pela Conferência sobre Reivindicações Materiais Judaicas contra a Alemanha, uma organização judaica que defende a preservação da memória e negocia indenizações para os sobreviventes e famílias das vítimas da Shoá.

O trabalho incidiu sobre os jovens adultos entre 18 e 39 anos, pertencentes à geração millennial (de pessoas nascidas entre 1981 e 1994) e à geração Z (nascida depois de 1995).

Quase um quarto dos entrevistados (23%) disse que o Holocausto é um mito ou que é apresentado de forma exagerada, enquanto um em cada oito (12%) afirma nunca ter ouvido falar no Holocausto. Outros 11% acreditam que os judeus foram responsáveis pelo Holocausto, um número que aumenta entre os jovens adultos nova-iorquinos (19%). Nos estados de Louisiana, Tennessee e Montana a porcentagem passa para 16% e no Arizona, Connecticut, Geórgia, Nevada e Novo México são 15%.

Quase metade, 48% dos jovens adultos norte-americanos, não conseguiu nomear um único campo de concentração, extermínio ou um gueto para onde foram enviados judeus durante a Segunda Guerra Mundial.

Os números assumem proporções mais preocupantes ainda no Texas, 60%; Nova York, 58%; e Carolina do Sul, 57%.

Perguntados sobre Auschwitz, 56% ficaram pasmos, olhos arregalados, incapazes de saber do que se tratava.

Os resultados, qualificados como chocantes e tristes por Gideon Taylor, presidente da Conferência sobre Reivindicações, citado pelo *The Guardian*, demonstram que é preciso agir já, enquanto os sobreviventes ainda estão conosco para partilharem as suas histórias.

É urgente compreender por que não se conseguiu proporcionar uma melhor educação sobre o Holocausto e transmitir as lições do passado às gerações mais jovens.

Além da falta de conhecimento preocupante sobre a Shoá, o estudo revelou também que 56% dos jovens adultos americanos já foram expostos a símbolos nazistas nas suas redes sociais ou nas comunidades, ao passo que 49% já viram publicações on-line que negam ou distorcem o Holocausto. Em outras palavras, conhecem mais o nazismo genocida e negacionista que a realidade das vítimas.

O MESMO NA EUROPA

O crescimento da extrema direita europeia (de que falamos longamente em *A Europa hipnotizada: a escalada da extrema direita*) foi acompanhado de lemas e símbolos que lembram, e não apenas aos olhos dos judeus, o clima que reinava nos anos 1930/40.

À medida que o tempo passa, o Holocausto começa a cair no esquecimento, como alertaram os autores de um estudo da Universidade de Tel Aviv sobre o antissemitismo. Agora, uma pesquisa feita em sete países da Europa para a rede de TV CNN confirma essa percepção: um terço dos europeus não sabe nada ou mal ouviu falar do extermínio de mais de seis milhões de judeus pelo regime nazista. O Yad Vashem, museu e centro de pesquisa de Jerusalém sobre o Holocausto, alertou para "a persistência de atitudes antissemitas na civilização europeia 75 anos depois" da chamada "solução final".

Estereótipos que pareciam mortos ressuscitam com o eco perturbador da expansão do fascismo. Mais de um quarto dos 7 mil cidadãos consultados pelo Instituto ComRes na Alemanha, França, Reino Unido, Polônia, Áustria, Hungria e Suécia considerou que os judeus têm influência excessiva no mundo dos negócios e 20% acha que eles dominam a política e os meios de comunicação. Porcentagens semelhantes consideram que os israelenses estão por trás da maioria das guerras e conflitos.

A Aliança Internacional para a Memória do Holocausto, integrada por 31 países ocidentais, entre eles Alemanha, Espanha e Reino Unido, adotou em 2016 a definição do termo antissemitismo: "É uma determinada percepção sobre os judeus, que pode ser expressa como ódio em relação aos judeus. As manifestações verbais e físicas de antissemitismo são dirigidas a indivíduos judeus ou não judeus e/ou suas propriedades, e a instituições e centros religiosos da comunidade judaica."

O banco de dados do Centro Moshe Kantor para o estudo do antissemitismo e do racismo contemporâneos, ligado à Universidade de Tel Aviv, destaca que em 2017 houve uma queda de 9% no número de incidentes violentos contra os judeus. Na Espanha, nesse mesmo ano, esse observatório registrou apenas dois casos de antissemitismo agressivo, em comparação com 99 casos nos Estados Unidos, 55 no Reino Unido e 36 da Alemanha. "Mas essa redução dos ataques é ofuscada pelo aumento de outras manifestações antissemitas – como as que ocorrem nas redes sociais ou na forma de *bullying* nas escolas –, muitas das quais não são nem mesmo denunciadas", advertiu o Centro Kantor.

A erosão da vida pública dos judeus, que deixam de participar de reuniões tradicionais com seus símbolos para não serem marcados socialmente, é a consequência mais frequente desse fenômeno, segundo o relatório da Universidade de Tel Aviv. "O uso pejorativo do termo judeu e de seus derivados é inseparável das percepções antissemitas", conclui.

Na pesquisa encomendada pela CNN, constata-se também que um terço dos europeus considera que os judeus usam a lembrança do Holocausto no mundo em benefício próprio. Em contrapartida, 40% dos consultados acreditam que os judeus estão ameaçados pela violência racista em seus próprios países e precisam ser protegidos. Por fim, 28% acreditam que o aumento do antissemitismo na Europa se deve principalmente à política e às ações do Estado de Israel.

Como resposta, o primeiro-ministro israelense, Benjamin Netanyahu, disse que embora na Europa "exista um velho antissemitismo da extrema direita, também há um novo, vindo da extrema esquerda e de redutos radicais islâmicos". Durante a entrevista, Netanyahu elogiou líderes ultraconservadores europeus, como o húngaro Viktor Orbán e o austríaco Sebastian Kurz, por terem fundado centros de estudos e organizado conferências sobre o Holocausto.

"O antissionismo e a oposição às políticas de Israel são a expressão mais atual do antissemitismo", argumentou o líder israelense, que chefiou o governo mais direitista da história do país.

Em uma entrevista ao *El País*, o escritor israelense Amos Oz, alinhado com a esquerda pacifista, aventou outra definição:

> O que é o antissemitismo? É complicado. Nem todos que criticam Israel são antissemitas. Eu mesmo faço isso. Se você critica o que os judeus fazem, pode ter razão ou não, mas é algo legítimo. Mas se você critica os judeus por serem quem são, aí existe antissemitismo. Onde está a linha vermelha? Não sei, mas existe.

ANTISSEMITISMO, OUTRA FACE DO POPULISMO

Na Bélgica, país que entre dezembro de 2018 e outubro de 2020 viveu dois anos sem governo central, a cidade de Aalst (Flandres) aproveitou o Carnaval para dar uma demonstração de antissemitismo. Escolheu como figura principal do desfile a caricatura do velho usurário judeu, de longas barbas e nariz adunco, com um corpo de inseto. No ano anterior, os carnavalescos já tinham desfilado com o mesmo tema. Em 2013, o corso incluiu representações de nazistas, soldados da Waffen-SS. Em resposta, a Unesco suspendeu a classificação de Patrimônio Cultural Imaterial da Humanidade atribuída à cidade.

O presidente da Câmara de Aalst justificou a escolha por ser a favor da liberdade de expressão e do direito à ironia a respeito de tudo e todos.

A controvérsia aumentou ainda mais o fosso existente entre os nacionalistas flamengos, que dominam as eleições regionais, e os francófonos, dificultando as negociações para formar um governo federal.

A primeira-ministra em exercício, Sophie Wilmès, cuja mãe é judia, acusou o líder do partido da direita nacionalista de Flandres, N-VA (New Flemish Alliance), de manchar "os valores e a reputação" do país.

O N-VA governa Flandres em coligação com o partido de extrema direita Vlaams Belang e justifica a tradição da cidade como "a capital do humor e da sátira".

Um estudo recente realizado pela Anti-Defamation League de Nova York revelou que 24% dos belgas tinham "atitudes antissemitas".

O caso não é único na Europa. Atos violentos contra judeus multiplicam-se em vários países. No Reino Unido, Jeremy Corbyn foi suspenso do Labour, o Partido Trabalhista, após ter recusado as conclusões de um relatório da Comissão para a Igualdade e Direitos Humanos denunciando atos antissemitas dentro do partido, durante a sua liderança.

Temos aí o antissemitismo de esquerda do qual falava Netanyahu, que na sua versão popular confunde os judeus com o governo direitista de Israel.

Expressam-se paralelamente o antissemitismo de origem islâmica, consequência do conflito israelo-palestino, e o antissemitismo clássico da extrema direita.

A Alemanha vive uma profunda crise política desencadeada pela emergência de um partido de extrema direita nacionalista e xenófobo - AfD -, que é hoje a terceira força no Bundestag. O ódio racial é um veneno que se alastra com enorme facilidade, como não se cansa de alertar Angela Merkel.

O 75° aniversário da libertação do campo de Auschwitz foi um momento de reflexão. Duas correntes se enfrentaram sobre a forma como deve ser encarado o passado. Para uma parte da elite, o Holocausto deve continuar a marcar a sociedade alemã e a forma como se relaciona com o mundo. Foi a linha defendida intransigentemente por Joschka Fischer, Helmut Kohl e Merkel. E há outra, que acredita que com a reunificação chegou a hora da "normalização". Gerhard Schroeder, contrariando seu ministro das Relações Exteriores, declarou a Alemanha "um país normal".

Com o advento do AfD neonazista, os tabus desapareceram ou quase. A ideia da Alemanha também como vítima ganha terreno, como se viu recentemente no aniversário dos bombardeamentos de Dresden pela aviação aliada. Milhares de alemães prestaram homenagem às vítimas, enquanto o presidente Frank-Walter Steinmeier salientava que "o bombardeamento de

Dresden recorda aos alemães a destruição da democracia, a arrogância nacionalista, o desprezo pela humanidade, o antissemitismo e o fanatismo racial". Disse recear "que estes perigos não tenham sido banidos até hoje".

Na França, onde a comunidade judaica é pequena em comparação com a que existia antes da guerra, embora Marine Le Pen tenha tentado apagar os traços mais violentamente antissemitas que herdou do pai (o fundador da Frente Nacional), o sentimento antijudaico manifesta-se das mais variadas maneiras: há aquele praticado pelos radicais islâmicos, pelos detratores do Estado de Israel e o antissemitismo histórico, que fazia de um judeu francês o alvo do ódio irracional dos seus pares. A França ainda não olhou suficientemente para o seu passado. Nega-se ainda hoje a falar sem medo de seus muitos mitos colaboradores do nazismo: Maurice Chevalier, Édith Piaf, Céline, Chanel, Sacha Guitry, Arletty, Le Corbusier, Tino Rossi, André Gide, Derain, Vlaminck, Nicolas de Staël, Robert Brasillach, para citar apenas alguns artistas que se transformaram em mitos da cultura parisiense. Uma lista não exaustiva conta 96.492 "*collabos*".

Em Paris, a "festa continuou"; o ex-correspondente do jornal *The New York Times*, Alan Riding, diz em referência ao círculo intelectual e artístico da cidade então considerada, até pelos ocupantes nazistas, a capital cultural do mundo:

> A rigor, não houve nada no mundo do entretenimento e das artes de Paris que tenha sofrido durante a ocupação; a festa simplesmente seguiu adiante. Os cinemas, por exemplo, viviam cheios, pese o banimento das películas norte-americanas e do jazz, porque, de acordo com um jornal colaboracionista, tinham um sabor "negro-judeu".

Na França foi preciso esperar 16 de julho de 1995 para ouvir um presidente francês, Jacques Chirac, pedir perdão em nome do Estado pela perseguição aos judeus e pelo envio para os campos de extermínio – 76 mil judeus foram deportados da França rumo à morte em Auschwitz e outros campos nazistas.

Ao lado do antissemitismo islâmico, que quer varrer o Estado de Israel da face da Terra, existe o antissemitismo europeu, profundamente enraizado na história da Europa, desde a Inquisição até os *pogroms* que marcaram sobretudo os países do Leste no século XIX e primeira metade do século XX.

Já o governo ultradireitista de Varsóvia quer fazer da Polônia uma vítima dos nazis, negando qualquer responsabilidade na morte de milhares e milhares de judeus durante a ocupação, à vista dos seus habitantes.

Os velhos demônios estão de volta à Europa? Não se pode ignorar a questão, mesmo se as manifestações de racismo e intolerância atinjam também as comunidades islâmicas. Um fenômeno que cresceu com a onda recente de refugiados. Uma maioria de austríacos, por exemplo, afirma que os imigrantes representam cerca de um terço da população do seu país, embora sejam apenas 8%.

Isso leva a politóloga Teresa de Souza a concluir:

> Sabemos hoje que o que há de comum a todas as formas de antissemitismo e de xenofobia é o vírus do nacionalismo, que regressou à Europa para cumprir a profecia de Mitterrand e Kohl: "O nacionalismo é a guerra". Ou seja, a violência, a intolerância, o racismo, alimentados pela ignorância e o medo.

O GURU ANTISSEMITA DOS BOLSONARO

O guru da chamada ala ideológica do bolsonarismo, Olavo de Carvalho, é antissemita?

A pergunta não tem razão de ser, tão evidente é a resposta: SIM. Poucas pessoas foram a tal ponto explícitas no ódio aos judeus.

Num livro de 2012, intitulado *Os EUA e a nova ordem mundial*, uma compilação de um debate entre ele e o escritor neofascista russo Aleksandr Dugin, Olavo de Carvalho denuncia uma organização judaico-globalista, que ele denomina Consórcio, composta por "grandes capitalistas e banqueiros internacionais, empenhados em instaurar uma ditadura mundial socialista".

A discriminação aos judeus vem no meio de um pacote de teorias da conspiração, num emaranhado paranoico que vai do terraplanismo ao marxismo cultural, passando pela Pepsi Cola, que usaria células de fetos para fabricar adoçantes.

Ao responder a uma provocação de Dugin sobre a presença de judeus no fantasioso Consórcio, Olavo afirma:

1. A presença de banqueiros judeus nos altos círculos do Consórcio;
2. A de militantes judeus na elite revolucionária que instaurou o bolchevismo na Rússia.

   Para Olavo, é óbvio e patente que esses dois grupos de judeus - banqueiros e militantes comunistas - colaboraram entre si para a "desgraça do mundo". Eles continuaram colaborando inclusive na época em que

Stalin desencadeou a perseguição geral aos judeus e a KGB começou a devolver a Hitler os refugiados judeus que vinham da Alemanha. A colaboração duraria até os nossos dias.

3. O barão Rothschild é dono do *Le Monde*, "o jornal mais esquerdista e anti-israelense da grande mídia europeia, assim como a família judia Sulzberger é dona do diário americano que mais mente contra Israel. Enquanto George Soros, judeu que ajudou os nazistas a tomar as propriedades de outros judeus, financia tudo quanto é movimento antiamericano e anti-israelense do mundo".

Nessas poucas linhas, o guru da Virgínia acumula *fake news*. Ele confunde o jornal *Le Monde* com *Libération*, que em 2005 teve capital da família Rothschild. Além do que *Le Monde* não é nem nunca foi um jornal esquerdista. Quanto a Soros, ele foi perseguido pelos nazistas durante a Segunda Guerra e ao final do conflito tinha apenas 15 anos de idade. Por pouco o pequeno George não foi enviado para os campos de extermínio.

Portanto, as acusações de Olavo de Carvalho aos judeus não passam de mentiras antissemitas tiradas de *Os protocolos dos sábios de Sião*, dentre as quais a mais antiga e disseminada - a de que os judeus fazem parte de uma conspiração para dominar o mundo, através do controle da economia e da mídia.

Quanto à relação entre os judeus e o bolchevismo revolucionário russo, só mesmo o antissemitismo explica. Afirmar que "militantes judeus" estavam por trás da revolução que instaurou o comunismo na Rússia em 1917 remonta a uma mentira utilizada pela propaganda do Partido Nazista para instigar o ódio contra seus dois principais inimigos: judeus e comunistas.

Se é verdade que alguns revolucionários russos, como Leon Trotski e Grigori Zinoviev, eram de fato judeus, a imensa maioria tinha origem cristã.

No mesmo texto, Olavo de Carvalho deixa ainda mais claro o seu preconceito: "Alguns judeus merecem proteção, enquanto outros, falsos e impuros, devem ser demonizados. Quando se trata desses, eu abraço o antissemitismo."

Dentre os textos antissemitas, talvez o mais surpreendente tenha sido sua comparação entre judeus e nazistas.

Num artigo de 1995, publicado no livro *O imbecil coletivo*, ele critica Jeffrey Lesser, brasilianista que acabara de publicar uma pesquisa sobre o antissemitismo durante o Estado Novo:

> Ou aderem ao modernismo ateu, ou, quando se apegam à religião, é para rebaixá-la a um fundamentalismo rancoroso, fanático e assassino. Quanto a esta última alternativa, cabe lembrar: ninguém neste mundo está imunizado por garantia divina contra a contaminação de uma mentalidade nazifascista, muito menos aqueles que ontem foram vítimas dela. O homem perseguido, seviciado e traumatizado tende, por uma compulsão inconsciente quase irresistível, a incorporar os traços do seu perseguidor, disfarçando-os sob um discurso contrário.

Como se preciso fosse, Olavo de Carvalho foi ainda mais explícito numa crônica publicada em *O Globo*, em 1997:

> Entre o fim da 1ª Guerra e a ascensão de Hitler, ninguém foi mais excluído e discriminado que os alemães — e vejam só a porcaria que depois eles fizeram a pretexto de *enderechar entuertos*. Os judeus copiam na Palestina a meleca germânica, e os pretos já começam a bater no peito com demonstrações ostensivas de orgulho racial, nostálgicos talvez do tempo em que, faraós no Egito, desciam o chicote no lombo semita.

E dizer que ainda há judeus bolsonaristas...

O CATOLICISMO ALIMENTA A EXTREMA DIREITA

"A covid reforçou o cristo-neofascismo porque para amplos setores supõe um fracasso da política e uma derrota da ciência. Os dirigentes das igrejas do Brasil afirmam que contra o coronavírus só resta a coronafé... O próprio Salvini já dizia que não confiava na ciência e que era preciso recorrer à religião. Essas situações, que semeiam a morte de maneira tão extensa, servem para reforçar e reafirmar as abordagens ultraconservadoras do cristianismo."

Juan José Tamayo, teólogo autor de *La internacional del odio*, que definiu Bolsonaro como "predicador del Cristoneofascismo"

Da mesma forma que os evangélicos, a parte conservadora da Igreja Católica está obcecada com a vida sexual alheia, com os gays, os transexuais, as mulheres que não são castas, os contraceptivos e, acima de tudo, o aborto, que considera ser o pai de todos os crimes. Em contrapartida, pobreza, exploração dos recursos do planeta, racismo, discriminação, desigualdades sociais parecem pouco interessar. Grave mesmo é a fornicação fora do sacramento do matrimônio.

Esse conservadorismo católico cai como uma luva na extrema direita que se consolidou nos últimos anos. O fundamentalismo católico, que se manifestou nas ruas de Paris aos milhões contra o casamento gay e o aborto, é negacionista das alterações climáticas, promove a luta contra o "marxismo cultural", ao mesmo tempo que endeusa o neoliberalismo, ataca o Estado social, recusa a intervenção estatal para corrigir injustiças, distorções e discriminações, alimenta o ódio e a vontade de exclusão dos diferentes.

Não é de se estranhar, portanto, a proximidade entre Steve Bannon e os setores mais conservadores da Igreja, que resistem às tentativas de abertura do papa Francisco. A Fox News chegou a apresentar Bannon como "o homem que poderia derrubar o papa Francisco".

Que bispos, padres e teólogos católicos acolham alguém com as ideias e o percurso de Bannon reflete a doença que contaminou uma parte da Igreja. Não foi por acaso que o líder da *alt-right* quis construir um centro de estudos num monastério próximo de Roma.

Quem é Bannon? A ex-mulher o denunciou por violência doméstica, foi acusado de antissemitismo, promove ideologia fascista, o isolacionismo nacionalista, trabalha pela construção de muros, pela prisão e separação dos pais de crianças migrantes. Sem falar, claro, do fato de ter sido preso por roubo.

O italiano Salvini costuma enfeitar-se com crucifixos ostensivamente grandes e apresenta-se como um defensor da Cristandade contra a invasão dos bárbaros maometanos.

André Ventura, líder do partido português Chega, de extrema direita, chegou ao ponto de se autointitular o "quarto pastorinho de Fátima, escolhido por Nossa Senhora". No Twitter declarou querer ter todas as Igrejas consigo.

Na Polônia e na Hungria, a direita baseia suas ideias políticas na supressão dos direitos das mulheres e dos gays, de acordo com a moral católica mais conservadora.

Quanto a Trump, além do movimento evangélico integrista "Evangélicos por Trump", também foi apoiado por grupos católicos ultraconservadores e importantes personalidades da Igreja, como o cardeal Timothy Dolan, arcebispo de Nova York.

Pouco importa se, na prática, a política implementada seja marcada pela mais completa ausência de valores cristãos, nos Estados Unidos como na Rússia, na Polônia, na Hungria, no Brasil.

"Aliança entre militares, neoliberais e pentecostais" é o título do capítulo do livro do vaticanista Iacopo Scaramuzzi dedicado ao Brasil, o país de Bolsonaro. Ele lembra que o presidente brasileiro, embora seja católico, usa e abusa das referências religiosas emprestadas dos pastores evangélicos e dos católicos tradicionalistas, como o youtuber Bernardo Küster.

Vale tudo para atacar as "minorias" e promover uma guerra contra o "marxismo cultural", como se esse fosse um saco em que se pode enfiar tudo e seu contrário.

BOLSONARO, UM ANALFABETO EMOCIONAL

Ao cobrir para a revista *The New Yorker* o julgamento do criminoso de guerra nazista Adolf Eichmann, em 1961/62, a filósofa judia de origem alemã, naturalizada americana, Hannah Arendt, criou um conceito que entraria para a história como a "banalidade do mal".

Enquanto o processo corria em Jerusalém em torno dos vários *ismos* - nazismo, antissemitismo, racismo, eugenismo -, Arendt se consagrava a tentar compreender a relação entre o homem Eichmann e os seus atos. Chegou à conclusão de que o oficial da SS (organização paramilitar do Partido Nazista), apesar de ter sido um dos altos responsáveis pela "solução final", que visava exterminar os judeus da face da Terra, não era uma "*bête furieuse*" (monstro), ao contrário do que ela própria imaginava, e sim um mero funcionário medíocre do Terceiro Reich. Concluiu que o "mal não reside no extraordinário e sim nos pequenos atos cotidianos que levam a cometer crimes abomináveis".

Nessa série de artigos, depois transformada no livro *Eichmann em Jerusalém*, um relato sobre a banalidade do mal, Hannah Arendt defendeu a tese de que o nazista abandonou o poder de pensar para obedecer cegamente ordens superiores. Em outras palavras, que ele perdeu a capacidade humana de distinguir entre o bem e o mal, sem nenhum motivo, convicção pessoal, nem intenção.

Resumindo, Eichmann teria perdido a capacidade de elaborar julgamentos morais.

Do ponto de vista filosófico, isso equivale a dizer que os crimes terríveis cometidos pelo responsável da logística do Holocausto não foram cometidos porque ele era mau, e sim porque era medíocre.

Para Arendt, continuar a pensar e se questionar sobre si mesmo e seus atos é uma condição *sine qua non* para evitar a banalidade do mal.

As reflexões da filósofa-jornalista parecem importantes para se tentar entender o fenômeno Bolsonaro.

Vejamos o exemplo: na sexta-feira, dia 8 de maio de 2020, mais um dia de recorde de mortes pelo coronavírus, o presidente ignorava voluntariamente as 10 mil primeiras mortes para ironizar e anunciar um churrasco no Palácio da Alvorada, no final de semana, para 30 ou 3 mil convidados. No fundo, o número pouco importava, pois ao organizar o churrasco estaria desobedecendo as recomendações das autoridades de saúde, tanto do Brasil como do resto do mundo, e menosprezando as famílias das vítimas.

Questionado pelos jornalistas sobre se promover um churrasco com aglomeração de pessoas não seria um mau exemplo, o Jim Jones brasileiro, sorridente, convidou os apoiadores que estavam na frente do Alvorada a participarem da festa.

O presidente foi questionado seis vezes pelos veículos de imprensa se o gesto não era um exemplo negativo para a população. Ele, no entanto, não respondeu e continuou a brincar, ameaçando, com seu largo sorriso, retirar a classificação do trabalho jornalístico do rol de atividades essenciais durante a pandemia, em mais uma enésima ameaça à liberdade de imprensa.

O churrasco não se realizou, não passava de uma toada; Bolsonaro trocou a carne assada por um passeio de moto aquática, sempre em desrespeito ao distanciamento social e dando uma banana para aqueles que perderam seus pais, avós, filhos e netos. Naquele exato momento, o Congresso hasteava a bandeira a meio-mastro em sinal de luto pelos mortos da pandemia.

O que um churrasco *fake* e um passeio de *jet ski* têm a ver com Eichmann e a banalidade do mal? Tudo.

EICHMANN E BOLSONARO NO MUNDO SEM EMOÇÕES

Hannah Arendt se enganou ao ver em Adolf Eichmann "apenas" um funcionário medíocre e não o monstro que ele era de fato, além de um artista *hors pair*, capaz de mentir descaradamente durante todo o processo sem um piscar de olhos nem um pingo de arrependimento ou remorsos.

Jair Bolsonaro, outro mentiroso contumaz, talvez não tenha entendido a pergunta dos jornalistas, sobre o fato de que organizar uma aglomeração em meio à pandemia era um mau exemplo e de que ele devia uma palavra de solidariedade aos brasileiros. Talvez ele tenha se comportado assim por incapacidade de diferenciar o bem do mal, que guia as nossas sociedades monoteístas desde Adão, Eva, Deus e a serpente.

Um estudo da Universidade de Cambridge, na Inglaterra, concluiu que ao menos 10% dos casos de covid-19 no Brasil se devem aos atos e palavras do presidente. Ou seja, no final de 2020 Bolsonaro era responsável direto, no mínimo, por 20 mil mortes. Municípios bolsonaristas tiveram quase 30% mais casos de infecção que os demais, de acordo com esse mesmo estudo.

Ao decretar guerra à vacina sino-Doria (ordenando a suspensão dos testes pela Anvisa do almirante Antonio Barra Torres) e ameaçar os Estados Unidos de Joe Biden com pólvora – "Quando acaba a saliva, tem que ter pólvora, senão, não funciona" –, o capitão assinou um certificado de loucura. Tem de ser interditado.

Talvez Jair Bolsonaro seja esquizofrênico, por ter tido um aprendizado deficiente da expressão dos sentimentos na infância e adolescência, no seio familiar. Talvez seja um psicopata perverso. Meu diagnóstico, de um leigo metido a besta, é que ele sofre de alexitimia, uma espécie de analfabetismo emocional, uma característica de personalidade em que o indivíduo é incapaz de identificar e descrever suas emoções e sentimentos. Os alexitímicos também têm dificuldade em reconhecer e entender as emoções dos outros.

Ainda não há consenso sobre a etiologia da alexitimia. Existem teorias que a associam a causas hereditárias, a algum trauma cerebral, a defeitos na formação neurológica, a influências socioculturais, outras que acreditam numa origem psicológica, por exemplo, traumas na formação infantojuvenil, ou mesmo posteriores.

O transtorno costuma estar mais presente em pessoas que sofreram de alguma doença neurológica ou de transtornos psicológicos como depressão, ciclotimia, esquizofrenia ou em pacientes com Mal de Parkinson.

Existe uma alta incidência de casos de alexitimia em pessoas que apresentam transtornos do espectro autista, estando presente aproximadamente em 85% das vezes.

As pesquisas mais atuais concluem que nas pessoas com alexitimia existiria um rompimento na comunicação entre os dois hemisférios cerebrais. Os alexitímicos têm falta de empatia; pobre capacidade para imaginar e fantasiar; indecisão; pensamento e comunicação simples e concretos; aparência distante e fria; escassa comunicação verbal e não verbal; dificuldade em manter relações interpessoais e ausência de desejo sexual.

Alexitimia parece, tudo indica, ser o caso do capitão, talvez com exceção de sua sexualidade. Mas para os brasileiros (como para as vítimas de Eichmann) pouco importa o diagnóstico, interessa o resultado... catastrófico. Só um alexitímico é capaz de dizer, após 200 mil vítimas de covid: "Tudo agora é pandemia. Tem que acabar com esse negócio. Lamento os mortos, todos nós vamos morrer um dia. Não adianta fugir disso, fugir da realidade, tem que deixar de ser um país de maricas."

Do ponto de vista filosófico, a banalidade do mal, tal como descreveu Arendt, deve-se a uma "ausência de pensamento crítico". O que é o caso do presidente e de seus seguidores. No período nazista, poucos foram aqueles que pensaram por si mesmos e souberam distinguir o bem do mal, agindo de acordo com esses conceitos.

A maioria teria optado por ignorar o imperativo categórico kantiano dos princípios morais a serem observados incondicionalmente.

No entanto, assinalou a filósofa-jornalista, o fato de "não pensar" não constitui uma fatalidade imposta por uma força externa insuperável. É antes o resultado de uma escolha pessoal. "Pensar", escreveu, "é uma faculdade humana, seu exercício é responsabilidade de cada um" – tanto no caso de Adolf Eichmann, como no de Jair Messias Bolsonaro.

Ambos, porém, parecem incapazes de formular julgamentos morais.

Assim como os apoiadores e próximos de Hitler optaram por desistir do pensamento crítico para seguir irrefletidamente seu líder, da mesma maneira agem os fanáticos por Bolsonaro.

Na "banalidade do mal", Hannah Arendt conclui que o fato de abandonar voluntariamente a capacidade de pensar não faz com que alguém seja inocente, ao contrário, trata-se de um fator agravante. Os crimes de Eichmann eram, portanto, imperdoáveis.

Os de Jair Bolsonaro também.

O CAPITÃO É RACISTA, O GENERAL É RACISTA E O BRASIL É RACISTA

Racismo? Não existe, é pura invenção.

Na visão do capitão-presidente e de seu vice, que obviamente só poderia ser um general, a existência de racismo no Brasil é uma falácia criada por traidores da pátria. Jair Bolsonaro deixou isso muito claro na reunião dos líderes do G20, no final de novembro de 2020, ao comentar os protestos contra a discriminação racial após o assassinato do negro João Alberto Freitas, por seguranças de um supermercado Carrefour no Rio Grande do Sul. Espancado até a morte, Beto Freitas ficou como triste exemplo, na véspera do Dia da Consciência Negra, de como os negros continuam a ser os maiores alvos da violência no Brasil.

Como de hábito, o capitão não achou necessário prestar solidariedade à família da vítima, ignorando, assim, pela enésima vez, o papel de um chefe de Estado. Desavergonhadamente, jogou a responsabilidade dos protestos sobre aqueles que querem "colocar a divisão entre raças" no Brasil. "Aqueles que instigam o povo à discórdia, fabricando e provocando conflitos, atentam contra a nação e contra a nossa própria história."

Do seu ponto de vista, ele tem razão, já que para o presidente não apenas inexiste racismo no Brasil, como tudo não passa de uma montagem com o objetivo de desestabilizá-lo. Obra de comunista, claro. Numa publicação no Facebook defendeu que "o Brasil tem uma cultura diversa", um "povo miscigenado", "uma única família", mas "há quem queira destruí-la e colocar em seu lugar o conflito, o ressentimento, o ódio e a divisão entre classes".

Para o chefe de Estado brasileiro, "problemas como o da violência são vivenciados por todos, de todas as formas" e quem pretende dividir "o sofrimento do povo brasileiro" com questões de raça apenas quer jogar uns contra os outros, porque "um povo vulnerável é mais fácil de ser controlado".

"Como homem e como presidente, sou daltônico: todos têm a mesma cor. Não existe uma cor de pele melhor do que as outras. Existem homens bons e homens maus", garantiu.

Jair Bolsonaro pode ser acusado de todos os males do mundo, mas não de ser opaco. Foi, é e sempre será transparente. Ninguém tem a desculpa de dizer que não sabia quem era o personagem ao apertar a tecla 17 da urna eletrônica. Durante uma entrevista no programa Roda Vida, da TV Cultura, o então candidato, num caso exemplar de revisionismo histórico, chegou a negar a responsabilidade do homem branco no passado escravocrata do país; amenizou o papel de Portugal e responsabilizou os próprios negros pelo tráfico negreiro que perdurou do século XVI ao XIX, levando de forma forçada cerca de 12 milhões de africanos às Américas, mais de 4,8 milhões dos quais para o Brasil.

"O português nem pisava na África", disse Bolsonaro. "Foram os próprios negros que entregavam os escravos."

Ao ser indagado pelo diretor da ONG Educafro, frei David, sobre a política de cotas raciais, o candidato se declarou contra, argumentando que as cotas visavam "dividir o Brasil entre brancos e negros". Foi questionado sobre de que forma pretendia reparar a dívida histórica existente diante da escravidão, no que respondeu: "Que dívida? Eu nunca escravizei ninguém na minha vida."

Dias antes da entrevista, Jair Bolsonaro comparou os negros que vivem nos quilombos a gado e disse que eles não servem nem para procriar.

Ao contrário do presidente, o vice Hamilton Mourão chegou a lamentar a morte de Beto Freitas, mas atribuiu-a apenas ao despreparo dos seguranças e não ao fato de a vítima ser negra, até porque, como ele próprio sublinha, não há racismo no Brasil. "Eu digo para você com toda a tranquilidade: não tem racismo aqui", sublinhou o general em declarações à imprensa. "Não, para mim no Brasil não existe racismo. Isso é uma coisa que querem importar, isso não existe aqui."

O vice continuou, então, dizendo que racismo existe em outros países, como nos Estados Unidos. Acrescentou ter morado naquele país na década de 1960 e, com base nessa experiência, pode concluir que não existe um problema racial no Brasil.

Acontece que Mourão, a exemplo de seu chefe, é racista.

Após conversar com jornalistas ao desembarcar no aeroporto de Brasília, às vésperas do primeiro turno da eleição presidencial, o general elogiou seu neto, afirmou que ele representava o "branqueamento da raça". "Gente, deixa eu ir lá que meus filhos estão me esperando. Meu neto é um cara bonito, viu ali. Branqueamento da raça", afirmou no fim da conversa, dando gargalhada.

É salutar abrirmos um parêntese: A tese do "branqueamento" teve origem na segunda metade do século XIX e na primeira metade do século XX, quando vigoraram em várias partes do globo as teses eugenistas, que defendiam um padrão genético superior para a "raça" humana. Argumentava-se que o homem branco europeu tinha o melhor padrão de saúde, beleza e maior "competência civilizacional" em comparação às demais "raças":

amarela, referindo-se aos asiáticos, vermelha, relativa aos povos indígenas, e a negra, africana.

Foi então que intelectuais brasileiros incorporaram essas teses e delas derivaram outra, aplicável ao contexto do continente americano: a "tese do branqueamento", que partia da ideia de que, dada a realidade do processo de miscigenação na história brasileira, os descendentes de negros passariam a ficar progressivamente cada dia mais brancos.

O antropólogo e médico carioca João Baptista de Lacerda foi um dos expoentes da tese do branqueamento, tendo participado, em 1911, do Congresso Universal das Raças, em Londres. Esse congresso reuniu intelectuais do mundo todo para debater o tema do racialismo e da relação das raças com o progresso das civilizações. Baptista levou ao evento o artigo "Sur les métis au Brésil" ("Sobre os mestiços no Brasil"), em que defendia o fator da miscigenação como algo positivo no caso brasileiro, por conta da sobreposição dos traços da raça branca sobre as outras, a negra e a indígena.

Em um trecho do artigo, ele afirmava:

> A população mista do Brasil deverá ter, pois, no intervalo de um século, um aspecto bem diferente do atual. As correntes de imigração europeia, aumentando a cada dia mais o elemento branco desta população, acabarão, depois de certo tempo, por sufocar os elementos nos quais poderiam persistir ainda alguns traços do negro.

A partir dessa teoria, felizmente desmentida, temos condições de saber quem é de fato o general Hamilton Mourão.

O Brasil é racista, talvez, como disse a ex-consulesa da França no Brasil, Alexandra Loras, em debate na Flip de Paraty com a antropóloga Lilia Schwarcz, seja um dos países mais racistas do mundo. Ela conta que nas recepções dadas em sua casa, os convidados a confundiam com a empregada doméstica.

A realidade se apresenta em números. De acordo com os dados do *Atlas da violência 2020*, os assassinatos de negros no Brasil aumentaram 11,5% na última década, enquanto os de não negros caíram 12,9%. Em 2018, 75,7% das pessoas assassinadas no Brasil eram negras.

Na pandemia, a cada 10 brancos que morrem vítimas da covid-19 no Brasil, morrem 14 pretos e pardos, que representam a categoria de brasileiros negros. Os dados são resultados de uma análise da reportagem da CNN com base nos boletins epidemiológicos do Ministério da Saúde. No caso das internações pela doença, há um equilíbrio: negros representam 49,1% dos internados, enquanto brancos representam 49%. Mas na análise das mortes, o descompasso aparece, pretos e pardos representam 57% dos mortos pela doença, enquanto brancos são 41% dos mortos.

Segundo a médica Denize Ornelas:

> As pessoas negras são maioria no mercado de trabalho informal, tendo muito mais dificuldade de procurar os serviços de saúde no tempo adequado, já chegando em condições piores. São pessoas que também têm uma localização geográfica que não favorece a busca por hospitais, ficando geralmente em prontos-socorros e serviços de saúde periféricos, que vão ter o maior tempo de espera para a transferência para uma vaga de UTI, por exemplo, além de esses serviços serem serviços de qualidade inferior.

Outro fator que os especialistas afirmam poder explicar esses números é o perfil de quem está na linha de frente e tem contato direto com os infectados pela doença. "Dentre os profissionais de saúde, com exceção dos médicos, os auxiliares de enfermagem e técnicos de enfermagem são majoritariamente pessoas negras e isso também os coloca em maior risco de contaminação, adoecimento e óbito", diz Alexandre da Silva, professor da Faculdade de Medicina de Jundiaí.

Entre os profissionais de enfermagem brasileiros, 42,3% são brancos e 53% pretos e pardos, de acordo com a Pesquisa Perfil da Enfermagem no Brasil, de 2013, feita pela Fiocruz em parceria com o Conselho Federal de Enfermagem.

Em São Paulo, apenas um em cada dez alunos de escolas privadas (geralmente melhores que as públicas) é negro.

E a diferença salarial entre brancos e negros é de 45%, de acordo com a Pnad, Pesquisa Nacional por Amostra de Domicílios, de 2019. Essa diferença não pode ser atribuída apenas à falta de oportunidade de formação para pessoas negras. Segundo cálculo do Instituto Locomotiva, a diferença continua a ser significativa, de 31%, mesmo quando comparados os salários de brancos e negros com ensino superior. Sobra apenas a cor da pele, diz um artigo do jornal *Folha de S.Paulo*, de 6 de janeiro de 2020.

"Trata-se de uma desigualdade persistente que só pode ser explicada pelo racismo estrutural. Por um lado, ele se expressa no preconceito racial. Por outro, no maior capital social dos brancos: o famoso 'quem indica' um branco é outro branco que está em um cargo alto", afirma Renato Meirelles, presidente do Instituto de Pesquisa Locomotiva.

Apesar da realidade fria dos números, apenas 5% dos brasileiros consideram que o racismo é um problema no país. Entre estes não estão os membros do governo civil-militar liderado pelo capitão.

Como escreveu Fernanda Mena, mestre em Sociologia e Direitos Humanos pela London School of Economics e doutora em Relações Internacionais,

> os protestos antirracistas em algumas capitais do país indicam que, assim como muitos americanos diante do caso George Floyd, muitos brasileiros não estão mais dispostos a se calar sobre as violências que ceifam vidas negras no país. Se os protestos são o início de uma onda, só o tempo o dirá, mas parece cada vez mais difícil fechar os olhos para o fato de que o racismo finalmente caminha para ser compreendido como um problema de todos.

RACISTAS EM DESCONSTRUÇÃO: DESCULPA, IAIÁ; DESCULPA, CIDA

> Quando eu era pequeno, eu tinha uma babá. O nome dela era Maria, mas eu a chamava de Iaiá e o nome acabou pegando.
>
> A foto da qual eu mais me lembro dos meus primeiros anos sou eu aos 2 anos dentro do mar, acho que em Santos, o barrigão pra fora, um enorme sorriso malandro no rosto — e a Iaiá no fundo, de vestido, até os joelhos dentro do mar. Nessa idade, eu dividia o quarto com o meu irmão e lá só tinham as nossas duas camas. Quando eu ficava doente, a Iaiá deitava no chão pra me colocar pra dormir e estava lá caso eu chorasse no meio da noite.

Assim começou a prédica de 7 de dezembro de 2020 do rabino Rogério Cukierman, da Congregação Israelita Paulista, um "racista em desconstrução".

No sermão da sexta-feira à noite, início do Shabat, ele falou de si mesmo, ao lembrar que aos 5 anos, em 1976, passou na televisão a novela *Escrava Isaura*, contando a história de uma escrava por quem o senhor da fazenda se apaixona. Isaura era branca, mas todos os outros escravos retratados na trama eram pretos; pretos assim como a Iaiá.

"Vendo aquela realidade e o que acontecia na minha casa, eu logo entendi qual era a regra do jogo. Fui conversar com a minha mãe e, muito sério, pedi pra ela que, quando chegasse a hora de dar a alforria pra Iaiá, ao invés disso, ela desse a Iaiá pra mim."

O rabino confessa que a história da Iaiá o envergonha e que está ciente de que precisa assumi-la se quiser ter o direito de sonhar com um país diferente. "Eu conto essa história porque não quero mais me reconhecer na conduta daquele menino e para isso é necessário um profundo processo de *t'shuvá*."

O termo quer dizer "retorno" e representa o esforço para retornarmos à melhor versão de nós mesmos, de corrigirmos nossas ações quando erramos, repararmos os erros que causamos e garantirmos que eles não voltem a acontecer. No começo de todo processo de *t'shuvá* está o reconhecimento do erro, que talvez seja a parte mais difícil.

O futuro rabino amava a Iaiá profundamente, mas ele se nega a se esconder atrás desse amor e dizer que ela era como se fosse da família, porque ela não era.

> Quando íamos jantar fora, ela não ia; quando viajávamos, ela só era convidada se fosse para tomar conta de mim; quando eu ia soprar a velinha do bolo de aniversário, ela nunca esteve lá na frente, junto com meu pai e minha mãe. A Iaiá era uma babá querida, cuja subjetividade foi muitas vezes negada, que foi objetificada, mas esses erros nunca foram reconhecidos sob a desculpa de que ela "era quase da família".

Iaiá é o resultado do racismo estrutural em que vivemos e no qual fomos criados, em que as moças pretas que moravam em casa eram sujeitadas ao preconceito banalizado pela cultura.

A história de Iaiá e do rabino nos questiona e nos obriga.

Quem de nós, da classe média paulistana, não teve a sua Iaiá, na figura de uma babá ou de uma doméstica, que mais corretamente deveria ser chamada de escrava? Quem não viveu essa história e pode dizer que nunca tinha ouvido nada igual?

Eu tive a "minha" Cida, que entrou em casa ainda menina, menor de idade, e saiu depois de casada. Ela morava no andar de baixo, ao lado da área de serviço e do quintal, separada do restante por uma porta de vidro que devia ser trancada à noite. Dividia o quarto e o banheiro com a cozinheira. Tivemos várias, mas não me lembro de ela ter sido consultada para dizer se a coabitação era satisfatória. Cida não reclamava, nunca.

Lembro-me da cena, quando ela pediu para ver minha mãe com o namorado, que já era conhecido da família. Os três foram à copa, sentaram-se em torno da mesa de fórmica vermelha, e ele, nitidamente intimidado, pediu a mão da Cida à minha mãe. Como se ela fosse da família...

Sua mãe, a verdadeira e única, não estava sequer a par do pedido de casamento. Cida achava que a patroa sabia melhor que a própria mãe o que era melhor para ela. Pediu sua benção.

Hoje, temos a chance de nos olharmos no espelho e vermos que o resultado nem sempre é satisfatório. Individualmente e como sociedade, a imagem que reflete é ruim, é feia, é a imagem da injustiça racial.

Como disse outro rabino, Michel Schlesinger, numa live da Sociedade de Psicanálise, somos todos racistas.

Se não formos ativamente antirracistas, estaremos sendo coniventes com a propagação do ódio, estaremos sendo racistas também.

Por isso, eu, você e todos aqueles que conheceram Iaiá, Cida e suas histórias temos a obrigação de ser como os rabinos Cukierman e Schlesinger, racistas em desconstrução.

Desculpa, Iaiá; desculpa, Cida.

A DITADURA INSIDIOSA

Três fatores que ameaçam a democracia são visíveis em todos os países governados por populistas: o avanço do iliberalismo, a degradação da vida pública e intelectual, o peso político dos gigantes da internet.

Ascensão do iliberalismo: inúmeros regimes políticos ocidentais entraram numa espécie de zona cinzenta, situada entre o autoritarismo e a democracia liberal, em que os dirigentes, embora eleitos, tendem a questionar os direitos fundamentais dos cidadãos. É o caso de países como a Hungria, a Polônia e, mais próximo de nós, do Brasil de Jair Bolsonaro. A esses regimes chamo de ditadura insidiosa.

Degradação da vida pública e intelectual: o debate torna-se oco, dominado pela histeria, no qual se confundem polêmicas violentas e estéreis, animadas por argumentos de autoridade, estratégias de comunicação e jogos de ego. A velha tradição em matéria de vida intelectual dá espaço ao *clash* e ao *buzz*; não há mais debate de ideias estruturado e argumentado, respeito do pluralismo e do contraditório.

A interferência dos gigantes da web - Google, Facebook, Twitter, WhatsApp - no jogo sociopolítico-eleitoral mostrou o seu peso em particular na eleição de Trump. As mídias sociais também estiveram no cerne das campanhas pelo Brexit, através da difusão de *fake news*.

O uso indiscriminado do Twitter por governantes, para se comunicar rapidamente com as massas, criticar opositores, anunciar decisões políticas, projetos de lei e estratégias internacionais, tem tido frequentemente impactos negativos, podendo levar ao agravamento de conflitos nacionais e geopolíticos.

Um relatório do Centro de Estudos de Ciência e Segurança do King's College London alertou para os riscos do uso do Twitter em crises diplomáticas, na altura em que a popularidade da ferramenta aumenta junto a políticos de todo o mundo. O estudo foi financiado pelo Departamento de Defesa dos EUA com o objetivo de medir o potencial do Twitter em precipitar um conflito nuclear.

"Os [riscos] existem em todas as redes sociais, mas o Twitter tem características únicas devido ao limite de caracteres das mensagens enviadas. Não se consegue construir uma mensagem diplomática sutil durante uma crise e em menos de 280 caracteres", explica a investigadora Alexi Drew, que também teme que ciberatacantes possam se aproveitar da forma como os políticos se comunicam no Twitter para simular crises políticas.

Em 2020, houve vários casos de crises políticas geridas através do Twitter. Um dos exemplos citados no relatório é o conflito entre o Irã e os EUA no começo de janeiro. Em menos de duas semanas, três oficiais americanos - o secretário de Estado Mike Pompeo, o presidente Donald Trump e o secretário de Defesa norte-americano, Mark T. Esper - enviaram 136 mensagens contraditórias ao Irã. Enquanto Mike Pompeo publicava *tweets* mencionando conversas com líderes mundiais sobre o desejo de os EUA manterem a paz, Trump escrevia que os EUA tinham "os melhores militares e a melhor inteligência do mundo" e que os norte-americanos estavam preparados para responder com força.

A esses três fatores, podemos acrescentar o despertar do conservantismo através do signo da religião. A laicidade, apesar de presente nas Constituições, transformou-se em quimera.

A eleição de Jair Bolsonaro no Brasil testemunha: o deputado-capitão se elegeu presidente graças, em grande parte, ao crescimento das igrejas evangélicas.

No discurso de abertura da Conferência anual da ONU, o capitão afirmou, em total violação à Constituição, que "O Brasil é um país cristão e conservador e tem na família sua base".

No Brasil, os evangélicos passaram de 6% a 22% em 30 anos. Atualmente somam 30% e, de acordo com certos estudos, no início da década de 2030 serão majoritários, ultrapassando os católicos. A bancada evangélica no Congresso Nacional conta 90 parlamentares, sendo 87 deputados federais e 3 senadores. Pretendem, no mínimo, dobrar esses números na próxima legislatura.

A frente parlamentar se articula contra temas como igualdade de gênero, aborto, eutanásia, casamento gay, além de também se opor à criminalização da violência, ser favorável à discriminação de homossexuais, bissexuais e transexuais, e defender o direito de pais aplicarem castigos físicos aos seus filhos.

De acordo com dados do site Transparência Brasil, a maior parte dos parlamentares que participam da bancada evangélica é alvo de processos judiciais por crimes diversos, como peculato, improbidade administrativa, sonegação de impostos, formação de quadrilha, abuso do poder econômico em eleições de que participaram, reprovação de prestação de contas de campanha nos Tribunais.

Ao considerar o capitão o "menor e mais mesquinho" líder global, o jornal *The New York Times* lembrou que em total desrespeito à laicidade constitucionalmente estabelecida, Bolsonaro nomeou um evangelizador da organização americana Missão Novas Tribos (que atua na evangelização dos índios na Amazônia há 70 anos) para o setor da Funai (Fundação Nacional do Índio), encarregado dos povos indígenas isolados. A nomeação visaria acabar com o princípio do "não contato", linha mestra da política indigenista brasileira desde 1987. O foco passou a ser a implantação de uma igreja evangélica em cada etnia e a integração do índio à sociedade de consumo, pois segundo o presidente da República, "o índio é, cada vez mais, um ser humano igual a nós".

Trump também contou com o voto dos evangélicos, batistas e outros cristãos. Orbán transformou a Hungria em uma "democracia cristã do século XXI". Enquanto o polonês Jaroslaw Kaczynski e o austríaco Sebastian Kurz puderam igualmente contar com a fidelidade do eleitorado religioso. Embora na aparência representem a vontade popular, a lei da maioria, os populistas são o veneno da democracia. Como dissemos anteriormente, a democracia não é a ditadura da maioria.

Neste quadro, a responsabilidade da imprensa é evidente, por ter abandonado seu papel de explicação de um mundo cada dia mais complexo. Ao contrário, os jornalistas se dedicaram às frases de efeito e às polêmicas estéreis (muitas vezes criadas pelos próprios agentes do poder), ao invés de analisar e explicar as políticas públicas. Reina entre os jornalistas um certo conformismo, a preguiça intelectual e, o que é pior, a quase certeza de que, de qualquer maneira, os leitores serão incapazes de compreender uma realidade complexa.

Os personagens, mais que os fatos, tornaram-se o cerne da notícia.

Paralelamente, os cidadãos deixaram de se questionar sobre os seus deveres na comunidade para sucumbir à fascinação coletiva por ídolos.

Como escreveu o jornalista e filósofo Sean Illing no site Vox, "vivemos em um ecossistema midiático que sobrecarrega as pessoas com informações, algumas delas precisas, outras falsas e muitas intencionalmente enganosas. O resultado é que os consumidores de informação estão, cada vez mais, desistindo da procura da verdade". Como Sabrina Tavernise e Aidan Gardiner comentaram em um artigo do *New York Times*, "as pessoas estão entorpecidas e desorientadas, lutando para discernir o que é real em um mar de tendências, falsidades e factuais".

A questão crucial, salienta o politólogo Laurent Cohen-Tanugi na revista *L'Opinion*, é saber se os desastres causados pelos sucessos eleitorais populistas constituem apenas um parêntese na história política ocidental ou se, ao contrário, prenunciam o retorno durável do autoritarismo.

O imenso filósofo francês Raymond Aron, num texto de 1939 intitulado "États démocratiques et États totalitaires" (Estados democráticos e Estados totalitários), traçou a distinção entre o que para ele é essencial e o que é secundário na democracia: "A ideia da soberania popular não é uma ideia essencial, porque ela pode levar tanto para o despotismo como para a liberdade [...] O essencial na ideia de um regime democrático é, em primeiro lugar, a legalidade: regime em que há leis e no qual o poder não é arbitrário e sem limites" (tradução livre minha).

O POPULISMO VERDE-AMARELO

A chegada ao poder no Brasil de Jair Bolsonaro - o primeiro presidente ultradireitista desde o retorno à democracia em 1985, de uma ignorância crassa, total falta de educação e preparo político - causou verdadeiro pânico entre seus adversários e as minorias. Afinal, seu programa se limitava a uma frase: destruir tudo o que foi feito pelos governos do Partido dos Trabalhadores. Um ano depois, o assombro inicial permaneceu intacto ou em certos casos até aumentou. Os temores não foram dissipados e muitas ameaças se concretizaram. O primeiro ano de mandato foi marcado por confrontos do Executivo com o Judiciário e o Legislativo, ataques à imprensa, à ciência, à história, decisões controvertidas e incontáveis crimes e polêmicas diários, falta de decoro. Durante o primeiro ano de mandato, o ex-capitão, em nenhum momento, vestiu o terno de presidente, mas sim testou as instituições, manteve vivo o discurso incendiário do nós contra eles, foi abertamente hostil aos valores democráticos, sob o argumento do combate ao marxismo cultural. Não perdeu uma oportunidade para discriminar as minorias e mostrar-se um machista insano, num país onde uma mulher é assassinada a cada duas horas e um estupro acontece a cada 11 segundos.

O Congresso, no qual o presidente não tem maioria, deteve suas iniciativas mais radicais, como o excludente de ilicitude, espécie de licença para matar concedida a policiais e militares. O Supremo também foi uma barreira. Mas em áreas como a política cultural, Bolsonaro destruiu tudo o que não batia com sua visão. O ex-secretário da cultura Roberto Alvim, por exemplo, apresentou em vídeo um programa baseado na ideologia nazista e chegou a citar um pensamento de Joseph Goebbels, ministro da Educação e da Propaganda de Hitler, em seu discurso, que teve como pano de fundo a simbologia do Terceiro Reich com música de Wagner, o compositor preferido do Führer. Bolsonaro hesitou, mas foi obrigado pela pressão, inclusive do embaixador de Israel, a demitir o secretário, que tão bem traduziu seu pensamento.

Após criticar o aumento do número de mortos por disparos policiais, a alta-comissária para os Direitos Humanos da ONU, Michelle Bachelet, afirmou: "Nos últimos meses observamos uma redução do espaço cívico e democrático, caracterizado por ataques contra os defensores dos direitos humanos e restrições impostas ao trabalho da sociedade civil." Bolsonaro respondeu ofendendo a memória do pai da chilena, um militar assassinado pela ditadura militar, a quem acusou de ser comunista. O que para ele é razão suficiente para ser morto.

O que mais preocupa são os esforços do presidente e seu governo para calar os críticos, como fez Recep Tayyip Erdogan ao levar a Turquia da democracia à ditadura, ou o que faz Viktor Orbán na Hungria e Narendra Modi na Índia, onde as contestações são reprimidas pela força e há cortes na internet. Bolsonaro contou para tanto com uma base de apoio composta pelos evangélicos (a bancada da Bíblia), pelos defensores das armas de fogo (a bancada da bala) e pelos agropecuaristas (a bancada do boi). Foram os três grupos de poder, todos a favor da censura, da restrição das liberdades, da violação aos direitos humanos, encarregados de ajudar o presidente a impor a máxima "Brasil acima de tudo, Deus acima de todos".

Bolsonaro não suporta ser refutado; por isso destituiu o diretor do órgão que realiza a medição oficial do desmatamento na Amazônia, atacou a imprensa como nunca, pediu o boicote ao jornal *Folha de S.Paulo* e às empresas anunciantes, xingou a mãe de vários jornalistas e enviou uma banana aos profissionais da mídia reunidos para ouvi-lo (isolados num cercadinho à frente do Palácio do Planalto), insinuou que uma jornalista propôs favores sexuais a uma fonte em "troca do furo"... que o atingisse, sugeriu que o premiado jornalista norte-americano Glenn Greenwald, do site *Intercept*, poderia ser preso no Brasil por revelações jornalísticas, chamou de herói um miliciano assassino protegido por um de seus filhos, criou um canal para pais de alunos denunciarem professores, em um discurso no Chile elogiou Pinochet e no Paraguai, Stroessner, nomeou para a Fundação Palmares um afrodescendente que nega a existência de racismo no Brasil e defende a escravidão, para a presidência da Capes (um dos principais organismos científicos do país) um criacionista e para a Funarte um desconhecido maestro que diz que fascismo é de esquerda, chama a Unesco de "máquina de propaganda em favor da pedofilia" e afirma que "o rock ativa a droga que ativa o sexo que ativa a indústria do aborto".

Pior: Bolsonaro anunciou que em 2021 todos os livros escolares serão trocados por versões mais "suaves", sem tantas "coisas escritas", com a bandeira na capa, a letra do Hino Nacional e a história devidamente revista para transmitir uma imagem heroica do país. "Não pode ser como esse lixo que hoje é a regra", disse, "os pais vão adorar". Assim, espera o presidente, todas as crianças pensarão como ele, tornando-se jovens xenófobos devidamente alinhados com o discurso extremista do Planalto. Quanto ao ensino superior, salientou que a universidade não é lugar para pensar, e sim estudar, como se fossem verbos inconciliáveis.

Todo dia tem seu lote de declarações tão absurdas quanto provocativas. É um ininterrupto festival de loucuras, muitas das quais ferem a Constituição. A lista de aberrações é infinita.

Os defensores de Bolsonaro, contudo, gritam aos quatro cantos que o país vive em plena democracia, já que o Congresso e o Judiciário continuam a funcionar e puderam barrar, ou ao menos emendar, vários projetos de lei emanados do Executivo. Para eles, os desatinos ditos e repetidos pelo presidente fazem parte da democracia, são a prova cabal de que o país vive com plena liberdade de expressão. Desconhecem o império da lei.

Toni Morrison, prêmio Pulitzer, Nobel de Literatura, militante dos direitos humanos, desaparecida em 2019, dá a resposta: "Uma linguagem opressiva faz mais do que representar a violência, ela é, em si mesma, violência; faz mais do que representar os limites do conhecimento, ela limita, de fato, o conhecimento."

No início de 2020, contudo, as palavras indecorosas e os ataques verbais à Constituição, à imprensa, às instituições, as acusações sem prova tiraram a máscara e transformaram-se em apelo à ditadura. O general Augusto Heleno (de triste lembrança para os haitianos da favela Cité Soleil, onde 70 inocentes foram mortos à queima-roupa, 20 estão desaparecidos e outros 300 feridos), ministro-chefe do Gabinete de Segurança Institucional da Presidência da República, pôs fogo no circo ao acusar o Congresso de chantagem e pedir a destituição dos presidentes da Câmara dos Deputados e do Senado, concluindo com um sonoro "Foda-se!". Era a faísca que faltava. Imediatamente, os bolsonaristas reagiram com a organização de uma passeata em defesa dos militares, contra os inimigos do Brasil – Congresso Nacional e Supremo Tribunal Federal. As principais palavras de ordem, o fechamento do Parlamento e do STF, receberam o apoio do presidente da República, através do WhatsApp.

Jair Bolsonaro e seus filhos, sob o estímulo original do general Heleno, pregaram que os militares poderiam intervir no Congresso e no Supremo.

Apesar do apelo absurdo e da participação do presidente em manifestações que pediam o fechamento do Congresso e do STF, além de uma intervenção militar para manter a ordem, em meio à pandemia, não se pode dizer que haja surpresa nessa atitude abertamente antidemocrática, que por si só justificaria a abertura de um procedimento de *impeachment*. Afinal, Jair Bolsonaro, durante a campanha eleitoral, em 2018, já havia dito que "se caísse uma bomba H (de hidrogênio, muitas vezes mais potente que uma bomba atômica) no Parlamento haveria festa no Brasil". Frase relembrada pela jornalista Vera Magalhães, de *O Estado de S. Paulo*, que provocou fúria no clã Bolsonaro, com o patriarca dizendo que ele e a repórter não eram "da mesma laia" e os filhos inundando as redes sociais para apoiar o pai e atacar, com ódio misógino, a jornalista.

A batalha que Jair Bolsonaro iniciou contra a imprensa brasileira assim que tomou posse faz parte da guerra que o presidente trava contra a democracia. A perseguição aos jornalistas mais incômodos a ele é pública, utilizando o poder de disseminação das redes sociais para injuriá-los e recorrendo às milícias digitais que trabalham para o Planalto.

O jornal *Público*, de Lisboa, que segue a atualidade brasileira *pari passu*, advertiu em editorial de 7 de março de 2020:

> A qualidade de uma democracia depende da qualidade do seu jornalismo. É por isso que os estratagemas de Bolsonaro para condicionar os jornalistas que não se submetem à sua cruzada evangélica e iliberal são uma investida rude contra uma sociedade aberta, plural e democrática, tudo aquilo que o Brasil merecia ser. [...]
>
> O que muitos qualificam de "salvador da pátria" é na verdade o "coveiro da democracia brasileira". Ser democrata nos tempos que correm é um atrevimento.

As coletivas improvisadas que o presidente brasileiro costumava dar à entrada do Palácio da Alvorada eram surreais. Ao lado dos jornalistas credenciados estavam grupos de apoiadores vindos de todo o país para fazer pedidos ou simplesmente tirar uma *selfie* com aquele que apelidam de "mito". Cada pergunta que desagradava Bolsonaro era recebida com vaias, enquanto aquilo tudo era gravado por um membro da comitiva presidencial e transmitido nas redes sociais.

O presidente da Associação Brasileira de Jornalismo Investigativo (Abraji), Marcelo Träsel, descreveu esses rituais como uma "situação extremamente constrangedora para os profissionais de imprensa".

Bolsonaro está em guerra aberta com a imprensa brasileira desde o início do seu mandato. Durante o primeiro ano como presidente, fez um ataque contra órgãos de comunicação e jornalistas a cada três dias. A tendência se intensificou no segundo ano.

No *ranking* de Repórteres sem Fronteiras, o Brasil ficou em 107° lugar no índice da liberdade de imprensa, depois de Angola e à frente do Mali.

É verdade que nunca foi fácil ser jornalista no Brasil, especialmente em locais fora dos grandes centros, onde repórteres investigativos correm perigo de vida. Mas com Bolsonaro chegou-se a um outro patamar. "Mesmo quando as relações eram tensas, seguia-se um conjunto de regras de civilidade entre imprensa e governo", diz Träsel. "Neste governo, se rasgou o manual de cordialidade."

A situação é tão tensa que os jornalistas sofrem de estresse, sem falar na autocensura que se instala sub-repticiamente.

"Vivemos uma tal situação de pressão que profissionais mais velhos a comparam com os períodos mais duros da ditadura militar", afirma a professora de jornalismo Marília Martins.

O debate público deteriorou tanto que coloca em sério risco os resquícios de democracia. Ninguém ouve ninguém, a intolerância transformou-se no "normal", o contraditório pacífico e refletido virou produto fora de linha. Aquele que discorda do governo populista é taxado de perigoso esquerdista, inclusive os que sempre foram de direita, mas que clamam por moderação e respeito.

Na mesma linha do ex-presidente dos Estados Unidos, Donald Trump, do primeiro-ministro indiano, Narendra Modi, Bolsonaro faz de tudo para manter seu público "extasiado" ao entrar em disputas imaginárias com "globalistas" que ousam sugerir que governos de qualquer parte do mundo deveriam se ater aos mesmos padrões.

Se o Brasil fosse relevante como os Estados Unidos, sem dúvida Jair Messias Bolsonaro, cujo livro de cabeceira foi escrito pelo maior torturador e assassino da época da ditadura militar - coronel Carlos Alberto Brilhante Ustra -, seria eleito à unanimidade presidente da Internacional da Ignorância. Hoje, é apenas o "pior presidente do planeta".

Baseado em suas observações, o diretor do Instituto V-Dem (que mede anualmente a qualidade da democracia no mundo), da Universidade de Gotemburgo, Staffan I. Lindberg, alertou que "o Brasil vive uma guinada à autocracia das mais rápidas e intensas dos últimos anos, só comparável àquela que transformou a Bielorrússia em um dos bastiões da tirania".

O ano de 2020 disse adeus. Foi um ano farto para o capitão, agraciado com três títulos merecidíssimos: pior presidente do mundo na pandemia, outorgado pelo jornal *The New York Times*; Prêmio IgNobel de educação médica, pela gestão da crise sanitária; político mais corrupto do mundo, concedido pelo Projeto de Relatório sobre Crime Organizado e Corrupção, composto por juízes que lideram uma das principais organizações não governamentais do mundo, pelo Consórcio Internacional de Jornalistas Investigativos e centros de mídia independentes.

Com certeza, o Brasil terminará o primeiro mandato do presidente ultradireitista (se terminar), na melhor das hipóteses, como uma ditadura velada. Talvez como uma ditadura institucionalizada.

O ESTRATEGISTA DO MAL

Entre momentos de insônia e pesadelos, eu e mais alguns bilhões de pessoas pelo mundo vivemos horas de extrema tensão na noite de quarta, 6 de janeiro de 2021, para quinta-feira, 7 de janeiro. No meu devaneio, em primeiro plano, as imagens do Capitólio, em Washington, desfilavam a uma velocidade estonteante, sobrepondo-se umas às outras, para desembocar nos porões da ditadura civil-militar brasileira, onde as cenas de tortura deixaram Vlado e tantos outros sem vida.

Pela manhã, sonado, soube da morte de quatro pessoas na invasão do Congresso americano. Dois dias depois, somadas à de um policial. Que insanidade!

Por que milhares, senão milhões de pessoas, seguem cegamente um maluco capaz de pôr fogo no circo, sem perceber que este nunca olhou para além de seu próprio umbigo?

Trump, o homem dos cabelos platinados, não enterrou a democracia americana, mas ao apagar as luzes de seu mandato mostrou quão frágil ela é. Aquela democracia liberal, que muitos acreditavam capaz de superar todos os obstáculos graças à força de suas instituições, mostrou ser um gigante de pés de barro.

A invasão do seu símbolo máximo, o Congresso, se deu aos olhos do planeta, estarrecido, deixando gravada a imagem de um policial correndo pelas escadarias para fugir dos extremistas alucinados, sob ordens do fascista-mor, que talvez acreditasse estar ali revertendo uma fraude que nunca existiu.

O mundo reagiu, se indignou, se deu conta de que, como disse George Walker Bush (aquele que inventou armas de destruição em massa para justificar o capítulo 2 da Guerra do

Iraque), os Estados Unidos tinham se transformado numa república de bananas.

Os chefes de Estado e de governo se manifestaram contra aqueles atos de suicídio político. Todos denunciaram, salvo um, o amigo capitão, que revelou sua fidelidade ao amor descoberto tardiamente. Lembram-se do *I love you*?

Em se tratando do presidente brasileiro, nunca se sabe se agiu "só" porque é louco, ignorante, fascista ou se foi também por estratégia política. Com ele, tudo se mistura. Não há dúvida de que foi tudo ao mesmo tempo.

Logo após o episódio do Capitólio, o ocupante do Alvorada veio a público ameaçar a idoneidade das presidenciais de 2022. Disse que se o voto eletrônico for mantido, o Brasil viverá cenas ainda piores que as vistas em Washington. Em termos de sofisma, foi um golpe de mestre. Bolsonaro sempre criticou o sistema eleitoral, alegando a possibilidade de fraude, muito embora todos os especialistas o considerem muito mais seguro que as cédulas. Se ele não for reeleito, como esperam todos os democratas, alegará manipulação de *hackers* a serviço dos comunistas. Se vingar o voto em papel, a fraude será maciça (do seu próprio campo) e ele terá razões de sobra para reclamar a nulidade do voto.

Portanto, sairá vencedor dessa batalha.

O xis da questão é que o Brasil não é os Estados Unidos, nossas instituições são muito mais frágeis que as norte-americanas, sem falar das Forças Armadas, que servem a Constituição.

Vale aqui citar a atitude do chefe do Estado-Maior das Forças Armadas dos Estados Unidos, Mark Milley, que pediu desculpas públicas por ter participado de uma encenação polêmica do presidente Donald Trump, ocorrida no dia 1º de junho de 2020. "Eu não devia estar lá", disse o general. "Minha presença naquele momento e por todo o ambiente criado deram uma percepção de que os militares estavam envolvidos em política doméstica."

Milley pediu desculpas por participar de uma caminhada, ao lado do presidente Donald Trump, da Casa Branca até a Praça Lafayette, onde o republicano tirou uma foto com a Bíblia em frente a uma igreja que tinha sido danificada por manifestantes durante atos de antirracismo pela morte de George Floyd, asfixiado por um policial branco, em Minneapolis.

Essa atitude mostrou que as Forças Armadas americanas pouco têm a ver com as brasileiras.

No governo Bolsonaro, mais de 3 mil militares ocupam cargos no primeiro, segundo e terceiro escalões. Na verdade, o Brasil é governado por uma comunidade civil-militar, exatamente como durante os anos negros da ditadura.

A liderança das nossas Forças Armadas, quando questionada, afirma que os militares respeitam e respeitarão a Constituição. Resposta vista como a garantia de que não teremos um golpe militar. No entanto, em nenhum momento, é dito que as Forças Armadas intervirão para evitar um eventual *putsch*. Os militares se negam a falar sobre o assunto, até mesmo quando o ministro da Defesa é pressionado para apoiar a instauração do estado de sítio, como ocorreu em março de 2021.

Além do que é útil lembrar que o capitão tem em mãos o controle de fato da Polícia Militar em vários estados, da Polícia Federal, das Forças Armadas, dependentes do Ministério da Defesa, dos militares de pijama e da ativa membros do governo (que não vão querer perder a mamata), dos Serviços de Informação oficiais ou não e dos milicianos próximos do 01, 02 e 03.

Isso para dizer que Bolsonaro, caso haja eleição e ele perca, apelará para as acusações de fraude e chamará para as ruas os seus torcedores fanáticos, que por muito menos já quiseram invadir o Congresso. Ao contrário de Trump, no entanto, estará em situação de tentar o golpe. Não tenho dúvidas de que fará o impossível para permanecer na presidência. A roupa de ditador lhe cai como uma luva.

"Quem decide se um povo vai viver na democracia ou na ditadura são as suas Forças Armadas. No Brasil temos liberdade ainda, se nós não reconhecemos o valor desses homens ou mulheres que estão lá, tudo pode mudar", disse o capitão em transmissão feita pelas redes sociais.

A estratégia está montada ou, melhor dizendo, já está em andamento.

Jair Messias Bolsonaro não é apenas um louco, um ignorante, um fascista. É também um estrategista do mal.

BOZO, O INIMPUTÁVEL

Ainda há aqueles que, como o presidente do PSDB (outrora um partido de aparência respeitável), defendem o diálogo com o capitão, em nome da concórdia. Como se isso fosse possível. Conversar seriamente com Bolsonaro é o mesmo que negociar com o Estado Islâmico, como havia proposto Dilma Rousseff na tribuna da ONU.

O presidente é a encarnação do mal, pelo que faz, pelo que não faz, pelo que diz, pelo que silencia.

O papel do presidente da República não é apenas fazer, ou seja, propor reformas através da lei. Longe disso. A comunicação talvez seja hoje um instrumento de poder e governança ainda mais importante.

A respeito, nenhum líder populista se comunica pelas regras clássicas. Ignoram os canais tradicionais para se dirigir diretamente ao povo, ou melhor, ao seu eleitorado, sobretudo através das redes sociais. Dizem tudo o que lhes vêm à cabeça. E temos aí um problema seríssimo. Por quê? Esqueçamos por um minuto Bolsonaro, *hors-concours*. Falemos de Trump. O ex-presidente dos EUA, tempos atrás, lançou uma ideia que lhe veio à cabeça no meio de uma coletiva de imprensa: injetar desinfetante no corpo para limpar os pulmões do coronavírus. Lembram-se? Pois bem, dois dias depois, vendo que a loucura que disse afetava sua campanha eleitoral, voltou a público para dizer que se tratava de "sarcasmo". Nesse meio-tempo, muitos americanos, acreditando no presidente, tomaram desinfetante; houve inúmeras internações em hospitais (que já estavam abarrotados) para salvar os seguidores cegos do loiro platinado.

Isso mostra o grau de responsabilidade de um presidente da República. Ele não é um cidadão comum, não tem o direito de dizer o que lhe vem à cabeça, sua palavra não tem o mesmo peso da palavra dos polemistas de mesa de bar. Sua narrativa, como os seus atos, tem enorme valor simbólico. Governa-se através deles.

Em bom português, um presidente da República não pode colocar nas redes sociais um vídeo de "*golden shower*". Não é que ele não deva, ele não pode, não tem esse direito. Não tem o direito de dizer que para combater o aquecimento climático vamos fazer cocô um em cada dois dias. Não pode mandar publicar no *Diário Oficial* um ato com assinatura que não seja a sua. Não pode dar banana para os jornalistas, mandar a imprensa calar a boca, dizer que tal jornalista é gay, ameaçar enchê-lo de porrada, fazer brincadeira de cunho sexual com uma jornalista, nem colocar os profissionais da imprensa num cercadinho disputando a palavra com os seus apoiadores. Simplesmente não pode, pois agindo dessa maneira desrespeita uma instituição - a imprensa - sem a qual a democracia não existe. E agindo assim, desrespeita a Nação. Um presidente não pode escolher quais os veículos que participam das coletivas nem reservar a publicidade oficial aos amigos do rei. Não pode transformar uma mídia de serviço público em estatal a serviço do Planalto. Isso é, sim, violação da liberdade de imprensa.

Não pode atacar o Congresso nem a Corte Suprema, a quem deve respeito e obediência, afinal o STF, como bem disse Rui Barbosa, é a última autoridade com direito a errar.

O presidente não pode dizer que a facada que levou deve ser investigada e a morte da Marielle não; não tem o direito de defender milicianos, cuja atividade é ilegal; não pode nomear um nazifascista ministro da Cultura nem um ministro da Saúde que não entende nada do assunto nem sabe o que é o SUS, em plena pandemia; não pode tecer elogios rasgados ao general Pinochet, Alfredo Stroessner, nem a Carlos Brilhante Ustra. A apologia à ditadura militar é crime no Brasil, previsto na famigerada Lei de Segurança Nacional (Lei 7.170/83), na Lei dos Crimes de Responsabilidade (Lei 1.079/50) e no próprio Código Penal (artigo 287). Apologia à tortura também é tipificada como crime previsto na Lei 9.455/97 e no artigo 287 do Código Penal.

O presidente não pode responder "E daí?", dando de ombros, quando é indagado sobre a escolha, para diretor-geral da Polícia Federal, de um amigo do filho que está sendo investigado; não pode indicar para o Supremo um farsante plagiador recomendado pelo mesmo filho; não pode ignorar que a primeira-dama recebeu em sua conta dinheiro suspeito; não pode dizer que a pandemia é um resfriadinho porque os seus apoiadores incondicionais passam a desrespeitar o isolamento, correndo soltos rumo ao risco de morte; não pode mostrar desprezo para com as vítimas da covid-19.

Esses e centenas de outros atos e palavras de Bolsonaro tiveram enorme influência na vida das pessoas, na forma de elas pensarem e agirem. Isso também é governar. Ele cometeu diariamente atos de violação à Constituição. O exemplo que deu foi o pior possível, menosprezando a exemplaridade, que faz parte da governança. Assim como os ritos, que foram jogados na lata do lixo.

Porque o problema, meu amigo, é que milhões de pessoas acreditam nele, se identificam com ele e saem por aí, em nome dele, desrespeitando a lei, promovendo a desobediência civil, do Estado de Direito e das regras básicas da vida em sociedade. Essas pessoas dizem – e com certa razão: "Se o presidente pode, eu posso"; "Se o presidente da Fundação Palmares pode chamar o movimento negro de 'escória maldita', eu também posso ser racista"; "Se o general Heleno pode lançar apelo ao golpe, eu posso defender a ditadura"; "Se o general Mourão pode defender o torturador Ustra, eu posso sair por aí distribuindo porradas".

Acontece que o capitão e seus asseclas cometem crimes cotidianos, que permanecem impunes. Enquanto o cidadão comum corre o risco de ser seriamente sancionado.

Bolsonaro considera que só tem de prestar contas ao seu eleitorado cativo. Também acredita que membros nomeados de seu governo, servidores públicos, deputados e senadores eleitos em sua esteira devem lealdade a ele, e não ao país. Para tanto, contou com um cúmplice de peso na pessoa do procurador-geral da República Augusto Aras, fiel dentre os fiéis, graças a quem se transformou num cidadão acima da lei.

Temos no Brasil dois grupos antagônicos: um movido a fanatismo e ódio, outro a angústia e desespero. Perdemos a racionalidade. Estamos num vale-tudo, que pode nos levar ao abismo. Nesse Brasil enclausurado só há uma porta, que indica a saída, o mais rapidamente possível, desse descerebrado chamado Jair Messias Bolsonaro que, apesar do nome, como ele próprio indicou, não faz milagres. O importante é que vá embora o quanto antes e que dessa maneira possamos tentar salvar a democracia. Se assim não for, como parece que não será, que ao menos seja derrotado, de preferência fragorosamente, em 2022. É o mínimo que os democratas, inclusive de direita, devem esperar. Mas será que o capitão, os militares, os evangélicos, a bancada da bala e do boi, os milicianos e as Forças Armadas largarão o osso por uma simples questão matemática referente ao número de votos nas urnas? Em meio ao mandato já se aventou a possibilidade de ele vir a não aceitar o resultado das urnas, caso perca.

É sempre bom lembrar que o poder tem gosto de mel e quem se lambuza fica viciado.

O FASCISMO PARIU A INTERNACIONAL DA IGNORÂNCIA

Ao que chamamos hoje Estado de Direito, é preciso acrescentar a civilidade, o respeito da oposição, das minorias, da verdade, da racionalidade, do debate, alvos dos regimes populista-autoritários, que praticam a desinformação, a violência política, o desprezo das instituições e dos corpos intermediários, como os sindicatos, as ONGs e associações representativas da sociedade civil.

Por isso, neste início de década não se pode falar em democracia na Hungria de Orbán, na Polônia de Andrzej Duda, na Grã-Bretanha de Boris Johnson, no Brasil de Jair Bolsonaro. Esses países vivem uma caricatura de democracia, ou melhor, sob um regime autoritário disfarçado. O modelo de governança baseado nas redes sociais e na falta de decoro, no desrespeito da laicidade não leva em conta os valores fundamentais da nossa civilização.

Eis aqui algumas características comuns a todos eles:

- relação direta e não institucionalizada do líder com as massas;
- forte nacionalismo econômico;
- discurso em defesa da união das massas;
- liderança política baseada no carisma e no clientelismo;
- conservantismo desenfreado;
- desprezo dos corpos intermediários - ONGs, imprensa, sindicatos, sociedade civil;
- frágil sistema partidário;
- falta de compromisso com a verdade;
- rejeição da ciência.

Para tentar conter esse retrocesso civilizacional e cultural, tão explícito no Brasil atual, a democracia tem de se autodefender, tem de ser intolerante com os intolerantes. Intratável. Não pode aceitar que os mecanismos democráticos, como a imprensa livre e o princípio do contraditório, sejam acessíveis a quem tem por objetivo destruí-los.

A democracia não é - ou pelo menos não deveria ser - o livre e ilimitado debate de ideias, e sim o livre e ilimitado debate de ideias democráticas. A democracia não pode ser refém de quem a recusa. Defender a ditadura, como fazem abertamente Jair Bolsonaro e seus ministros, não deveria ser consentido. O Estado de Direito deve imperar.

Além da mera constatação, é preciso questionar: como a extrema direita renasceu e tomou o poder em vários países? Por que as redes sociais são dominadas por discursos de ódio, *fake news* e conflitos entre radicais? O que levou à atual polarização política?

Em *Os engenheiros do caos*, o cientista político ítalo-francês Giuliano Da Empoli ensaia algumas respostas. Ele explica como cientistas de dados levaram a lógica das redes sociais para a política e os impactos disso sobre o jogo democrático.

> Esses "engenheiros" são personagens que levaram para a política a lógica do Google, Facebook, Instagram e outras redes sociais, plataformas que têm um único critério de funcionamento: segurar por todos os meios os usuários, o maior tempo possível. Assim, podem analisar os cliques, as preferências, e dar a cada um o que quer - violência, ódio, medo, *fake news*, teorias do complô. A noção de certo e errado, verdade ou mentira, justo e injusto, está totalmente ausente do quadro. A única coisa que conta é que você e eu não descolemos das plataformas.

A nova política dos "engenheiros do caos" funciona da mesma maneira, com análises de dados sofisticadas e uma total ausência de escrúpulos em relação ao conteúdo oferecido.

> Por trás de cada líder nacional-populista existe um ou muitos "engenheiros do caos", trabalhando com algoritmos para que as mensagens "certas" sejam enviadas na hora "certa" às pessoas "certas". Assim, eleva-se o nível do ódio, das frustrações, que em seguida serão explorados politicamente, para influenciar eleições. Vimos isso na França, na Itália, no Reino Unido com o Brexit, na vitória de Trump nos Estados Unidos, no Brasil, que vive uma experiência tecnopolítica totalmente inédita.

Diz Giuliano Da Empoli:

> Os políticos populistas captaram essa lógica e a reproduziram. Às vezes de forma intuitiva, noutras em estratégias sofisticadas, ou em uma soma de ambas, alimentam as redes sociais com o que mais atrai eleitores. E aí também vale tudo: mentiras, extremismos, o que for.
>
> Os populistas de antigamente já não eram assim? Uma grande diferença é que hoje o político não precisa ter um grupo

> como alvo. Ele não tem de falar a uma maioria, encontrar um setor da sociedade para representar, achar uma mensagem que toque a população, como um todo, ou quase todo. Os populistas do século 20 apelavam para uma massa disforme. Os de hoje usam algoritmos para mandar mensagens individualizadas. O que vale é elevar o nível de excitação das pessoas, recorrendo à manipulação de emoções extremas. Pouco importa a coerência da mensagem. Por isso os populistas atuais passam mensagens antagônicas.

Segundo Da Empoli, aos olhos dos seus eleitores as deficiências dos líderes populistas se transformam em qualidades, sua inexperiência demonstra que não pertencem ao círculo da "velha política" e sua incompetência é uma garantia da sua autenticidade. Paralelamente, as mensagens enviadas a cada eleitor de maneira individualizada, via redes sociais, criam uma ilusão de proximidade, tecem uma ligação profunda, de admiração e amor entre os cidadãos e os políticos. As tensões que causam em nível internacional são vistas como mostras de sua independência e as *fake news*, marca inequívoca de sua propaganda, evidenciam sua "liberdade de pensamento".

O debate público histérico tende a se confundir com polêmicas violentas e estéreis, animadas por argumentos autoritários e estratégias de comunicação, linguajar ultrajante, opiniões caricaturais distantes do pensamento crítico. A velha tradição do debate de ideias estruturado, argumentado, em respeito ao contraditório e ao pluralismo pertence ao passado. Essa é a razão pela qual o candidato Bolsonaro se negou a debater com os seus adversários.

Em geral, os líderes autoritários são alérgicos a jornalistas, com exceção daqueles que podem usar como veículos transmissores de suas mensagens. Notícias e análises equilibradas, questionamentos, críticas não são tolerados. Nas ditaduras, os jornalistas são eliminados. Nas "democracias autoritárias", embora também possam ser eliminados ou ameaçados, o mais comum é serem processados, desacreditados publicamente ou demitidos.

Segundo o jornalista e historiador canadense Michael Petrou, os ataques ao jornalismo são um dos fatores que explicam a fragilização das democracias.

DESTRUÍDO PELOS BOMBARDEIOS

Em entrevista à revista *The Atlantic*, quando da publicação de seu livro de memórias, Barack Obama afirmou que atravessamos uma "crise epistemológica" - sem capacidade para distinguir a verdade da mentira, questionamos o conhecimento adquirido, pomos em causa fatos como se fossem opiniões e defendemos opiniões como se fossem fatos. A discussão deixa de ser uma troca de ideias para se transformar num combate de posições diametralmente opostas que se enfrentam a distância. Quem tenta acercar-se do campo oposto para perceber a perspectiva do outro, construir pontes, encetar diálogos, acaba destruído pelos bombardeios.

Donald Trump, Boris Johnson, Matteo Salvini, Jair Bolsonaro, Orbán e outros integram assim uma espécie de Internacional da Ignorância, em que cada dia trazem seu lote de gafes, novas polêmicas rasas, a defesa de valores medievais, como se fôssemos - todos - atores de uma peça de Ionesco, do teatro do absurdo. No início de 2020, referindo-se ao governo Bolsonaro, o jornal britânico *The Guardian* comentou: "é uma mistura de desqualificados, lunáticos e perigosos".

A descrença na verdade científica, semeada por essa Internacional da Ignorância, ganhou a crença popular. O criacionismo entrou nas escolas, os terraplanistas são mais citados que Galileu, as vacinas viraram veneno, os climatólogos do Grupo Intergovernamental de Experts sobre a Evolução do Clima (Giec), saco de pancada.

Hoje, não há nenhuma incerteza sobre o aquecimento do planeta, ainda menos sobre o fato de que a atividade humana seja a principal responsável pela mudança climática. E, no entanto, em poucos anos, um abismo se criou entre o mundo científico, que duvida cada dia menos, e a população, encorajada pelos populistas, duvida cada dia mais. Vivemos no reino do "achismo", em que a palavra de um leigo vale tanto quanto a do prêmio Nobel.

Os mesmos lobistas que nos anos 1980, como The Heartland Institute, um centro de estudos dos EUA com sede em Chicago, militaram para mascarar os efeitos nocivos do tabaco, hoje integram a batalha dos "climatocéticos", usando a mentira e a manipulação para negar as mudanças climáticas. São pagos a preço de ouro por petroleiras, Monsantos e outros tantos ultrapoluidores. Rejeitam o consenso científico sobre o aquecimento global. E, para concluir, são corruptos.

Pouco a pouco caem as máscaras da extrema direita, um a um eles mostram sua verdadeira imagem, mergulhando na corrupção que tinham prometido erradicar. O suposto "intelectual" da transformação política mundial, o profeta do populismo, missionário da regeneração moral, Steve Bannon, por exemplo, não passa de um banal vigarista. Foi preso em 20 de agosto de 2020 por ter se apropriado indevidamente de 1 milhão de dólares de doações para a construção do muro na fronteira com o México. Depois, em 5 de novembro, foi banido do Twitter por dizer que decapitaria o especialista do governo americano em pandemia, Anthony Fauci, e o diretor do FBI, Christopher Wray. A ameaça foi feita no canal de Bannon no YouTube, que removeu o vídeo. Neste, Bannon dizia ao apresentador Jack Maxey que Trump deveria ter um segundo mandato e sugeriu a demissão de Wray e Fauci. Em seguida, comentou que o desligamento dos dois não seria suficiente.

> Eu realmente gostaria de voltar aos velhos tempos da Inglaterra dos Tudor, eu colocaria as cabeças em lanças, nos dois cantos da Casa Branca, como um aviso aos burocratas federais [...]. É assim que você ganha a revolução. Ninguém quer falar sobre isso. A revolução não foi uma espécie de festa no jardim, certo? Foi uma guerra civil.

Bannon não foi o primeiro a mostrar o que vale. Tivemos os exemplos de Heinz-Christian Strache na Áustria, os negócios duvidosos patrocinados pela Rússia de Putin na Itália de Salvini e nos Estados Unidos de Trump, as relações do capitão Bolsonaro com as redes criminosas do Rio de Janeiro.

A queda de Steve Bannon foi particularmente esclarecedora para desmascarar a extrema direita, já que ele tinha se tornado o impulsionador da estratégia para erguer uma internacional populista. A sua detenção por um vulgar desvio de fundos doados por militantes da sua causa xenófoba e a sua exclusão do Twitter são provas de que a extrema direita se alicerça, como só poderia ser, em homens sem caráter.

BIG DATA

Ao contrário do que parece à primeira vista, o caos criado pelo absurdo da ignorância ou pela ignorância do absurdo esconde uma estratégia de poder muito bem estruturada.

"Por trás das manifestações desenfreadas do carnaval populista está o trabalho árduo de ideólogos e, cada vez mais, de cientistas e especialistas do *Big Data*, sem os quais esses líderes nunca teriam chegado ao poder", argumenta Giuliano Da Empoli.

A onda populista se apoia nas redes sociais, que se transformaram no instrumento ideal para encorajar a política identitária, já que estabelecem uma conexão entre aqueles que pensam da mesma forma e excluem os demais. Dessa maneira, criam-se laços fortes entre pessoas que não se conhecem, mas que dividem as mesmas ideias.

Na visão do historiador José Pacheco Pereira, as redes sociais são o lubrificante deste ressentimento, porque dão um meio de expressão e contato para todos aqueles que se sentem excluídos do discurso respeitável.

> A ignorância agressiva que pulula nas redes, o desprezo pelo saber profissional e pelas hierarquias assentes no conhecimento, cujos efeitos vão desde a disseminação das teorias conspirativas até os comportamentos anticientíficos, é impulsionado pelo igualitarismo das redes sociais: porque eu posso escrever aqui o que quiser, o que eu digo tem o mesmo valor de todo o resto, seja ou não verdade, tendo ou não fontes fiáveis, tendo ou não algum conhecimento sobre aquilo que escrevo.

Como disse o escritor e filósofo italiano Umberto Eco, ao receber o título de doutor *honoris causa* em comunicação e cultura da Universidade de Turim, as redes sociais dão o direito à palavra a uma "legião de imbecis" que antes falavam apenas "em um bar e depois de uma taça de vinho, sem prejudicar a coletividade. Normalmente, eles [os imbecis] eram imediatamente calados, mas agora têm o mesmo direito à palavra de um Prêmio Nobel".

Steve Bannon, ex-conselheiro de Trump, guru da *alt-right* e um dos primeiros a entender o fenômeno, disse em 2018, ano em que participou da campanha eleitoral de Bolsonaro: "A oposição real (ao antiglobalismo) é a mídia. E a maneira de lidar com ela é inundar a zona com merda."

Embora essa ideia não seja realmente nova, Bannon a articulou da melhor maneira possível. Ele partiu do pressuposto de que, em princípio,

> a imprensa filtra os fatos da ficção e fornece ao público as informações necessárias para fazer escolhas políticas esclarecidas. Se você interrompe esse processo, saturando o ecossistema com informações erradas, e sobrecarrega a capacidade de mediação da mídia, pode então interromper o processo democrático.

Bannon teve enorme influência na eleição de Trump e Bolsonaro, apostando tudo nas redes sociais e *fake news*. Já está engajado no retorno de Salvini e na reeleição de Bolsonaro.

Sua organização antiglobalista, The Movement, com sede em Bruxelas, congrega todos os líderes da extrema direita populista mundial. Seu projeto de expansão visa implantar instituições de ensino e formadoras de opinião, no estilo da Sciences Po, de Paris, em praticamente todos os países europeus. Seu grande sonho, para o qual trabalha, é eleger presidente da França, em 2027, Marion Maréchal-Le Pen, sobrinha de Marine Le Pen, atual chefe do partido neofascista francês Rassemblement National.

Enganam-se aqueles que acreditam numa mudança de comportamento por parte das lideranças populistas. Apesar do ambiente de divisão nos tempos que se seguiram à eleição de Trump, por exemplo, não faltava quem afirmasse que tudo voltaria ao normal e que, pressionado pelo aparelho político de Washington, o novo presidente acabaria por moderar o seu discurso, à semelhança do que aconteceu com Ronald Reagan. Mas não, Trump não mudou em nada. Bolsonaro tampouco, não mudou nem vai mudar.

Ao curto-circuitar os partidos políticos tradicionais, os chamados corpos intermediários e as mídias tradicionais, os novos "mestres do mundo" organizam seus reinados em torno de um *tête-à-tête* com a opinião pública. Isso faz com que vivamos uma época dominada pelos chefes. "É como se os bobos da corte tivessem tomado o lugar dos reis", conclui o professor do Instituto de Estudos Políticos de Paris, Vincent Martigny, em seu livro *Le Retour du Prince* (A volta do Príncipe).

Nos encontramos numa fase transitória, complexa e instável. As mudanças nos conduzem à emergência de novos sistemas políticos. Hoje, a única certeza é de que não sabemos se o modelo democrático irá se estabilizar quando novos partidos políticos e instituições estiverem implantados. Difícil saber quando e como isso vai terminar, o que nos obriga a questionar: como esses homens sem valores nem lei chegaram ao poder?

Ao se referir à história, a professora portuguesa Maria do Carmo Vieira tenta uma explicação, comparando o mundo atual com o período mais sinistro da história:

> Hitler, um aventureiro sem escrúpulos e homem dotado de uma maldade pouco comum, chegou ao poder porque não se levou a sério o seu discurso de ódio, semelhante ao de todos os populistas. "O pior nunca acontecerá", pensou-se na época. Afinal, Adolf, pintor medíocre e frustrado, era um palhaço que nunca chegaria ao poder na intelectualizada Alemanha. Os alemães demoraram em acreditar no "impossível" e a tragédia aconteceu.

Daí a importância da memória e da disciplina que a honra – a História –, hoje em dia desprezada por vontade do poder político e inércia de muitos de nós.

É sábia a frase de Cícero, apontando a História como "mestra da vida".

Em nome do dever de memória, Primo Levi, um engenheiro químico italiano, relatou a resistência dos judeus e a experiência de Auschwitz em *É isto um homem?*: "[...] Meditai que isto aconteceu:/ Recomendo-vos estas palavras./ Esculpi-as no vosso coração/ Estando em casa andando pela rua,/ Ao deitar-vos e ao levantar-vos;/ Repeti-as aos vossos filhos."

Primo Levi esperou 11 anos para que o seu livro *É isto um homem?*, escrito em 1947, fosse publicado em 1958. As razões apontadas centravam-se na impossibilidade de se acreditar no que ele escrevia. O mesmo aconteceu com "grandes estadistas", "povos e governos aliados", que se recusaram a crer no que lhes era descrito por quem vira "com os [seus] próprios olhos", o horror sofrido pelos judeus, ciganos, comunistas, homossexuais, portadores de deficiências. Primo Levi, que se suicidou em 1987, quis que na sua lápide constasse unicamente o número com que fora marcado em Auschwitz - 174 517 -, numa última denúncia do gesto "ariano", a que muitos se aliaram.

A passividade e o olhar tolerante foram, entre outros, os de Churchill ou os de Roosevelt.

A História, com H maiúsculo, só ganha tradução na vida real quando contada. É o que buscam evitar os populistas, inclinados ao esquecimento e ao revisionismo. Eles, os sem coração, pululam na política, na comunicação social e nas redes sociais, orgulhosos da sua conduta, defendendo que o futuro está solto do passado e do presente. Como diz Maria do Carmo Vieira: "Pobres de espírito, que não no sentido evangélico, recusam a gravidade do que afirmam ou afirmaram, invocando sempre como desculpa a 'descontextualização' de suas palavras."

Hoje, não sabemos se o sistema democrático irá se estabilizar, quando e como.

Neste ínterim, a ultradireita prossegue seu avanço, ontem na Eslováquia, hoje na península ibérica, em países até então livres do câncer extremista.

As eleições legislativas eslovacas de 29 de fevereiro de 2020 foram marcadas pela entrada do partido neonazista - anticiganos, antieuropeu, antiestrangeiros, anti-LGBT, antissemitas, xenófobo, pró-Rússia - no Parlamento. Um partido cujo nome não esconde o que é: Partido Popular da Nossa Eslováquia. Seu líder, Marian Kotleba, elevou o chefe da República eslovaca aliada do Terceiro Reich, Jozef Tiso, ao *status* de "herói nacional".

Ponto positivo, no entanto, o partido de centro-direita anticorrupção OLaNO - pessoas comuns e personalidades independentes, um pouco mais moderado - venceu as eleições com 25% dos votos, desbancando outro partido populista, Smer, que estava no poder desde 2006.

A internacional populista estaria substituindo a democracia liberal ocidental?

Em *Brève introduction au populisme* (Breve introdução ao populismo), os universitários Cas Mudde, holandês, e Cristóbal Rovira Kaltwasser, chileno, buscam um denominador comum a todos os populismos, que frequentemente englobam forças muito díspares. Para eles, o populismo é uma "ideologia pouco substancial", portanto, maleável, que considera a sociedade dividida em dois campos "homogêneos e antagonistas": o povo puro e a elite corrompida. O populismo exalta o povo e condena a elite, numa crítica da democracia representativa. Para o populista, o povo é depositário da vontade geral, é o único portanto em condições de legislar no respeito do interesse comum. De onde o apoio dos populistas aos mecanismos diretos, que são o referendo e o plebiscito.

Os populistas se definem, portanto, como os mandatários do "verdadeiro povo", por isso rejeitam a representatividade parlamentar, a fim de se dirigir diretamente aos cidadãos. Consideram que são os únicos capazes de identificar a vontade popular e se manifestar em seu nome. Logo, rejeitam o pluralismo político, conscientes de que sem pluralismo não há democracia. Não são democratas. Nesses termos, o movimento dos coletes amarelos na França, apoiados pelos partidos extremistas - de direita e de esquerda - é exemplar.

Como lembram Mudde e Rovira Kaltwasser, o populismo é referendário, não é por acaso que se assiste a um apelo ao plebiscito de iniciativa popular para decidir todo tipo de questões: das mais simples, como o sentido de circulação de uma rua, às mais complexas, como a eutanásia, a pena de morte ou um pacote econômico. Os populistas não levam em conta o sistema democrático representativo.

Na França de 1981, a pena de morte teria continuado a vigorar pela vontade do povo, não fosse a determinação do ministro da Justiça, Robert Badinter, então apoiado pelo presidente François Mitterrand, com aval do Parlamento. Também na França, os cidadãos votaram contra a ratificação da Constituição europeia, em 2005, por meio de referendo, para punir o presidente Jacques Chirac, cuja cota de impopularidade era das mais elevadas na época. Raríssimos aqueles que votaram tendo um mínimo conhecimento do que estava em jogo. Votaram contra um texto que não leram.

O POPULISMO VEIO PARA FICAR?

Em *Nacional-populismo: a revolta contra a democracia liberal*, os cientistas políticos britânicos Roger Eatwell e Matthew Goodwin apostam que o nacional-populismo veio para ficar, com a ajuda da pandemia. Ao analisar o que está por trás deste movimento transversal e transnacional, defendem a ideia de que os efeitos do populismo vão muito além da força eleitoral e que estes afetam, no longo prazo, o discurso e a política dos partidos convencionais.

Roger Eatwell é professor emérito de Política Comparada da Universidade de Bath e tem uma vasta obra publicada sobre fascismo e populismo contemporâneo, enquanto Matthew Goodwin é professor de Política na Universidade de Kent, com livros publicados sobre o Brexit e as fragilidades das democracias ocidentais.

Os dois especialistas argumentam que os partidos tradicionais serão cada vez mais influenciados pelos partidos de gênese populista. Ou seja, mesmo que esses partidos antissistema não vençam eleições, terão um impacto significativo no discurso e nas orientações políticas.

Eles lançam um alerta: as respostas dos partidos tradicionais a esses desafios têm sido pobres e contraproducentes. Roger Eatwell e Matthew Goodwin traçam uma relação entre o nacional-populismo, o racismo e a xenofobia, valores que embora sejam muitas vezes associados acabam polarizando e excluindo ainda mais parcelas do eleitorado.

Embora os nacionais-populismos, como definidos no livro, sejam diferentes de país para país, existem traços comuns como a descrença nas elites, a diminuição da lealdade entre o eleitor e os partidos, a divisão educacional entre os eleitores.

Eles argumentam que as causas do nacional-populismo são mais profundas e complexas do que muitas pessoas pensam. Não é apenas uma resposta à crise financeira, ou à Cambridge Analytica, sociedade que esteve no centro de um escândalo mundial por ter organizado a "aspiração" de dados pessoais de dezenas de milhões de usuários do Facebook para visar ao envio de mensagens favoráveis ao Brexit, em 2018, e à eleição de Donald Trump, em 2016.

> Consideramos que há quatro grandes explicações para o populismo, relacionadas com a economia, imigração, os níveis de confiança na política e o enfraquecimento da relação entre os partidos tradicionais mais antigos e os eleitores.
>
> A principal conclusão é de que o nacional-populismo veio para ficar. Vai ser um importante ator político nos próximos tempos. Pode não vencer todas as eleições, pode não dominar os governos, mas terá uma influência significativa nas políticas e na linguagem dos partidos políticos convencionais.

Roger Eatwell cita dois exemplos: o impacto do partido neofascista Frente Nacional na política francesa de um modo geral. Se olharmos para a França dos anos 1980 e 1990, veremos que muitas pessoas falavam em *lepenização* da política francesa, pela forma como algumas dessas questões chegaram às políticas de Jacques Chirac.

De forma similar, no Reino Unido, Nigel Farage e o Ukip tiveram um grande impacto na agenda política, inclusive na própria liderança de Boris Johnson.

Por isso, quando falam em nacional-populismo e do impacto duradouro que terá, os politólogos britânicos não estão necessariamente prevendo que todos os países terão governos nacional-populistas. Mesmo porque outros partidos poderão responder aos desafios aproveitando as ideias da ultradireita. Falam, isso sim, da influência que as correntes extremistas de direita terão no espectro político como um todo.

Na Europa e nos Estados Unidos, os grupos que sustentam o nacional-populismo, que mais votam nesses movimentos, são formados pela classe trabalhadora, com baixa qualificação, pessoas sem formação universitária, que não têm voz ativa, que se sentem excluídos da arena política. Vimos isso claramente no movimento dos coletes amarelos, na França. O sistema não responde às suas preocupações.

De acordo com Eatwell e Goodwin, essas pessoas têm razão em se sentirem assim. Porque os sistemas políticos já não são representativos desses grupos, ao contrário do que ocorria no passado. "Hoje em geral, no centro-esquerda e centro-direita, a base política dos partidos é formada pela classe média, no eleitorado com formação universitária, vivendo nas cidades. Isso deixou na periferia uma comunidade de eleitores esquecidos, que sentem que as suas opiniões já não contam."

Essa seria, em particular, a explicação para o sucesso de Donald Trump, eleito pelos *swing states* da classe trabalhadora. Muito do apoio ao nacional-populismo na Europa vem desses mesmos grupos que olham para seus representantes e pensam: vocês não representam os meus valores, vocês não falam como eu, vocês não se parecem comigo.

Mas isso não significa, obviamente, que os nacionais-populistas sejam apoiados apenas por pessoas que não foram à universidade, pelos ignorantes, por pessoas grosseiras. Na Hungria, por exemplo, Viktor Orbán teve um bom resultado eleitoral entre os estudantes universitários. Dizem Eatwell e Goodwin:

> Claro que parte do eleitorado da ultradireita é estúpida, ignorante, racista, xenófoba e autoritária, mas se caracterizarmos todo o voto nacional-populista dessa forma - em vez de olharmos para um protesto que pode ser legítimo, pela forma como as elites liberais dominam a agenda política - estaremos desprezando um aspecto importante do apoio a estes movimentos.

"Muitas análises da esquerda e do centro-esquerda sobre o nacional-populismo não tratam essas preocupações como legítimas", comenta Roger Eatwell, acrescentando:

> Isso não quer dizer que devemos ignorar a xenofobia, o racismo. É claro que há pessoas xenófobas e racistas. O que defendemos é a necessidade de um debate com mais *nuances*, em

> que voltemos a integrar algumas pessoas e temas. Por exemplo, podemos discutir sobre a reforma da liberdade de circulação no Reino Unido ou sobre a construção de um muro nos Estados Unidos, porque a verdadeira questão é que, por absurdo que pareça, um muro ajuda as pessoas a se sentirem mais seguras.

"O que mais me preocupa", diz Eatwell, "é que, ao olharmos apenas para questões econômicas e sociais, podemos perder estes eleitores para os populistas, como aconteceu aliás com os democratas nos Estados Unidos, que defenderam mais globalização, menos fronteiras. Essa para mim não é uma boa resposta ao nacional-populismo".

PROCRIAÇÃO SIM, IMIGRAÇÃO NÃO

Um dos pontos comuns a todos os movimentos nacional-populistas é a aversão ao "outro", ao estrangeiro, ao migrante, visto como uma ameaça. Esse sentimento teve grande influência na ascensão dos neonazistas na Grécia, na Alemanha, na escalada de Marine Le Pen em direção do Eliseu, no crescimento da islamofobia e do antissemitismo na Europa. O ódio àquele que é diferente domina a narrativa.

Quem desembarcou em Budapeste, no início de 2020, deparou-se com enormes cartazes em diversas línguas com uma frase e a imagem de uma família composta do pai, da mãe e de três crianças: "Hungria, amiga da família".

Ao contrário do que poderíamos imaginar, não se tratava de uma promoção do turismo familiar e sim de uma declaração política da extrema direita que colocou, como objetivo, evitar a queda da natalidade no país. O mantra vai direto ao ponto: a Hungria precisa de "procriação, não de imigração".

Para tanto, o Estado mostrou-se criativo: comprou as maiores clínicas de fertilização do país e dessa forma pretende facilitar o tratamento dos casais que sofrem de infertilidade, húngaros e só húngaros, claro. Trata-se de uma prática inédita: a estatização da fertilização *in vitro*.

A taxa de natalidade é de 1,48 criança por cada mulher húngara, 50% menos que em 1950. Sem mudança, a atual população de 9,8 milhões de pessoas cairá para 8,3 milhões em 2050.

Diante dessa perspectiva, o governo ultranacionalista deixou claro que não aceitará que a falta de mão de obra seja preenchida por imigrantes.

Por isso, ao mesmo tempo que erguia muros, atacava refugiados sírios e denunciava uma suposta operação do islã para "invadir" a Europa, o governo adotou uma série de incentivos para que as famílias húngaras tivessem ao menos três filhos, como a redução de impostos para a compra de carros e casa própria. Programas especiais foram criados para famílias que optarem por ter mais de três filhos; as mulheres com mais de quatro estarão isentas de todos os impostos para o resto da vida.

A resposta de Budapeste à questão demográfica coincide com a dos partidos da extrema direita europeia: Rassemblement National, na França, AfD na Alemanha, Partido da Liberdade, na Holanda, Lega, na Itália, Ukip, na Inglaterra, Vlaams Belang, na Bélgica flamenca, que têm a política anti-imigração como principal bandeira. Eles veem um risco real de que a população branca e cristã da Europa seja, nas próximas décadas, substituída por pessoas não europeias, não brancas e não cristãs. O inimigo número 1 é o islã.

O trabalho de desconstrução política, comum a todos os regimes populistas, passa também pela guerra ao que chamam, a exemplo do clã Bolsonaro, de "marxismo cultural". Em outras palavras, à liberdade de criação e de manifestação (não necessariamente de esquerda e muito menos marxista).

Budapeste está na linha de frente no combate ao liberalismo cultural, condição *sine qua non* à democracia. Após o controle das mídias, com os jornais devidamente silenciados, Viktor Orbán decidiu atacar a independência da última instituição cultural relativamente livre: o teatro. Aproveitando os poderes excepcionais obtidos na pandemia, impôs a adoção de um projeto de lei que reforça a tutela do poder sobre a direção dos teatros. A medida impõe um novo procedimento de nomeação dos diretores dos teatros municipais que se beneficiam das subvenções do Estado, ou seja, a quase totalidade deles. Para continuar a receber as subvenções públicas, cada prefeitura deve concluir um acordo com o governo, incluindo aí a escolha dos diretores, que estarão então sob controle direto do poder central, ou seja, do partido Fidesz, de Orbán. Até as peças apresentadas devem obter o aval do primeiro-ministro. Foi o último capítulo do seu *Kulturkampf*, sua "guerra cultural".

SOMEWHERE X ANYWHERE

Dentre os cientistas políticos, há consenso em reconhecer que a democracia liberal e representativa está em crise. É o que os ingleses chamam de "*democratic fatigue*" (fadiga democrática). Essa expressão foi criada pelo historiador britânico Harold James, especialista em política europeia, professor da universidade americana de Princeton. Ele foi um dos primeiros a constatar o disfuncionamento generalizado das democracias ocidentais. Num artigo no site *Project Syndicate*, intitulado "What's behind the Crisis of Democracy" (O que está por trás da crise da democracia), ele discute o diagnóstico e o remédio para essa fadiga democrática.

Aos seus olhos, há duas dimensões distintas:

1. O sentimento dos povos, dos eleitores, de que o sistema democrático há muito abandonou os interesses dos cidadãos, que não se sentem representados.
2. A polarização das opiniões e a usura das instituições e dos velhos partidos políticos, que tornaram certos países como a Itália, a Espanha, Israel praticamente ingovernáveis. Nestes, os votantes são incapazes de eleger maiorias estáveis. Enquanto em outros - Alemanha e França -, assistimos a uma "erosão eleitoral".

Paralelamente, Estados autoritários - Rússia, Turquia, Hungria - se adaptam mais fácil e rapidamente aos desafios atuais, pois o poder central não é questionado.

Harold James se pergunta se a democracia não virou uma "letargocracia", em alusão à letargia.

A democracia, diz ele, está emperrada e a globalização contribuiu muito para isso, com a soberania dos povos limitada por acordos e instituições internacionais: União Europeia, OMC, OMS, Tribunal Penal Internacional etc.

Instalou-se, assim, uma "democracia sem povo", nas palavras de Alexandre Devecchio, encarregado da página Debates do jornal conservador *Le Figaro* e autor de *Le Populisme contre le peuple* (O populismo contra o povo). O modelo funcionou durante algum tempo, promovendo estabilidade, mas também uma fratura política e financeira entre os "*somewhere*", aqueles que vivem enraizados em seus países ou regiões, e os "*anywhere*", aqueles que evoluem livres de quaisquer amarras, num mundo mundializado. Essa cisão supera o antagonismo direita-esquerda e alimenta o populismo.

Hoje, a história acelera à velocidade hipersônica. É preciso com urgência compensar a perda de soberania e dar às pessoas novas ocasiões de decidir, através de debates sobre temas de sociedade e referendos locais, por meio da internet, para que se sintam novamente cidadãs.

O professor Harold James propõe desatar as amarras. Como? "Pensar global, agir local."

A respeito, Emmanuel Macron inovou como nenhum outro presidente francês em, ao menos, quatro ocasiões: a primeira, ao promover um grande debate nacional sobre a saída da crise dos coletes amarelos; a segunda, ao formar um grupo de cidadãos para decidir sobre medidas contra o aquecimento climático; a terceira, ao constituir um coletivo da sociedade civil para acompanhar o desenrolar da vacinação contra a covid-19; a quarta, ao anunciar um referendo sobre a inclusão de um artigo a respeito da proteção do meio ambiente na Constituição.

COMO SERÁ O AMANHÃ?

Vista da França, onde moro, a Rússia é uma ameaça na fronteira Leste da Europa, no curto prazo. Mas essa visão não é unânime no continente. Há divergências profundas entre os europeus, discórdias que ficaram uma vez mais visíveis na Conferência sobre Segurança Global, de Munique. Pragmático, o francês Emmanuel Macron defendeu uma aproximação "realista", leia-se prudente, com Moscou, enquanto alguns dos seus parceiros disseram, aos sussurros, que Moscou só entende a linguagem da força. Desta vez, Angela Merkel e Macron divergiram, o que tem sido cada vez mais frequente. Para Macron, a Europa precisa começar a se ocupar da própria segurança, enquanto Merkel prefere permanecer nos braços da Aliança Atlântica, portanto dos Estados Unidos. Nesses termos, a dupla franco-alemã, considerada o "motor" da construção europeia, está emperrada, no momento em que a Europa mais precisa avançar, com a crise econômica fazendo estragos colossais, milhões de refugiados batendo às portas e várias situações explosivas pipocando pelo mundo.

A sombra de Vladimir Putin estende-se da Ucrânia à Líbia, da França aos Estados Unidos, mesmo assim não se descuida da Rússia, maior país do mundo, mantido sob estrita vigilância. A experiência bem-sucedida de isolar a internet da Rússia, a perseguição a todos aqueles que ousam se opor a ele, os testes bem-sucedidos de um míssil hipersônico capaz de escapar às defesas dos EUA são provas da ambição do ditador.

Apesar do foco norte-americano no aumento da influência chinesa, os europeus sentem a ameaça que representa o seu vizinho continental. A interferência nas eleições norte-americanas, francesas ou no referendo britânico, sempre em apoio à extrema direita, mostra a determinação de Putin em desestabilizar as democracias ocidentais.

Para o czar dos novos tempos, trata-se de uma vingança pela destruição do império soviético, que ele até hoje não digeriu.

No início de 2020, a situação se deteriorou na zona mediterrânea, com novos atores envolvidos num cenário caótico: Turquia, Síria, Rússia, Irã e União Europeia.

Muito embora um acordo entre a Turquia e a União Europeia, assinado em 2016, estabelecesse ajuda financeira contra fronteiras fechadas, Recep Erdogan usou a pandemia como desculpa para começar a abrir suas fronteiras, deixando os refugiados, vindos da Síria, ingressar aos milhares em solo grego. Dos 6 bilhões de euros prometidos, apenas 2 chegaram ao destino. Do lado turco, 3,5 milhões de refugiados já estavam concentrados em campos sem nenhuma infraestrutura. Outro milhão e meio chegaram da Síria, fugidos da guerra em Idlib.

Atualmente, nenhum país europeu se arrisca a acolher essa nova onda de migrantes. Depois que Angela Merkel abriu as portas da Alemanha, a extrema direita cresceu a ponto de jogar o país na crise política. Quando os portos italianos foram invadidos por migrantes vindos sobretudo da Líbia, Matteo Salvini e seu partido extremista despontaram. Quando a Áustria facilitou o ingresso de refugiados, o líder de ultradireita do Partido Liberal (FPÖ), Heinz-Christian Strache, ascendeu ao governo.

Grécia e Hungria negam-se a examinar novas demandas de asilo.

Se essa tendência se confirmar, não será "apenas" o fim do regime internacional de proteção dos refugiados, será o fim do respeito aos direitos humanos básicos na União Europeia e no restante do mundo.

Gerald Knaus, presidente do centro de estudos European Stability Initiative, considera que estamos em um "ponto de viragem", cujas implicações Viktor Orbán já percebeu há muitos anos. Em 2016, o presidente húngaro dizia que a época dos direitos humanos universais tinha de acabar, porque é uma hipocrisia e que precisamos de políticas iliberais. Agora é preciso encontrar uma forma de controlar as fronteiras sem esquecer os direitos humanos.

O equilíbrio é instável, este é um momento de grande perigo, não só para o regime de refugiados que tem vigorado desde

1951, mas também para o Estado de Direito na UE, que é o cimento do bloco.

Conclusão: hoje ninguém quer correr riscos, prefere-se fechar os olhos para a situação catastrófica dos refugiados, que se retornarem aos seus países de origem estão ameaçados de morte e se ficarem na Europa estão condenados a viver como favelados.

Devemos levar a sério a retórica dos amigos de Orbán. Ele e outros não querem mudar políticas, querem mudar toda a base sobre a qual a Europa foi construída depois da Segunda Guerra Mundial. Eles não respeitam as convenções sobre refugiados, nem os tratados europeus dos direitos humanos, nem o princípio dos direitos humanos internacionais, que a UE se propõe a aplicar.

Se a Europa abandonar a convenção dos refugiados, será a sua morte.

O FUTURO PRÓXIMO

Os europeus sabem, embora seja duro reconhecer, que é a relação entre os EUA e a China que irá moldar o mundo no futuro próximo. O xis da questão é que, com a chegada de Xi Jinping ao poder supremo, em 2012, a nova ambição da China passou a se manifestar sem máscara, inclusive na cena internacional, onde esteve ausente até então. Ninguém pode dizer que não a vê. E isso coloca um problema para a defesa do Ocidente.

A Europa Ocidental, apegada aos valores democráticos, tem grandes dificuldades em dialogar com Pequim. Não passa uma semana sem que os grandes jornais europeus contem uma história sobre o desplante com que as autoridades chinesas impõem a sua vontade (inclusive pela força) às instituições democráticas como a imprensa, as universidades, o mundo artístico e até mesmo as empresas.

Como dissemos em "Socialismo emergencial", o capitalismo de Estado chinês acabou libertando as amarras políticas e o país vive um momento de personalização do poder como nunca desde Mao Tsé-tung.

Jamais houve uma tal concentração do poder e um tal nível de controle do povo. A ditadura é particularmente repressora. Em cada ato de sua vida, o cidadão recebe uma nota do poder central, que varia de acordo com o seu comportamento. Essa notação determina se ele terá mais ou menos direitos.

Desde novembro de 2012, Xi Jinping acumula os cargos de secretário-geral do Partido Comunista e presidente da Comissão Militar Central. Em 14 de março de 2013 foi "eleito" presidente da República Popular da China, tendo sido reconduzido em 2018, quando a Assembleia Geral do Partido aprovou sua permanência no poder por quantos mandatos forem necessários até a morte.

Sua missão é estruturada em torno do "sonho chinês", composto de uma política ecológica voluntariosa, reabilitação da cultura tradicional, reforço da presença do Partido Comunista na sociedade, luta contra a corrupção, influência internacional. No setor externo, Pequim começa a agir exatamente como Washington, que durante décadas exportou o *american way of life*, exaltando os valores capitalistas, vendo-se como o "*gendarme*" do mundo.

Hoje, tanto na África como na Europa, a China, através do megaprojeto da nova Rota da Seda, dissemina um discurso similar: Se vocês querem se desenvolver e enriquecer como a gente, façam como nós. Nossa receita está disponível.

Esse é o recado de Pequim na era Jinping.

A Europa não está preparada para uma estratégia de confronto em nenhum setor: militar, tecnológico, econômico, diplomático.

Não há tampouco qualquer estratégia alternativa. No início de 2019, houve um sobressalto europeu em relação aos investimentos chineses. Pequim foi considerado um "rival sistêmico" e um "competidor econômico". Paris e Berlim foram sensíveis aos alertas. Os investimentos das empresas estatais chinesas passaram a se submeter às mesmas regras ditadas pela política de concorrência europeia. Mas não durou, a questão foi se diluindo e as salvaguardas abandonadas.

A Europa tem consciência de que o mundo é cada vez mais dominado pelo poder das grandes potências, mas nem todos os países europeus são capazes de fazer a distinção entre a China e a Rússia, por um lado, e os Estados Unidos, por outro. Talvez porque Putin e Jinping sejam ditadores com genomas distintos e porque o ex-presidente populista Donald Trump, com os seus vaivéns contraditórios, tenha durante anos atrapalhado a visão.

DO POLITICAMENTE CORRETO À CULTURA DO CANCELAMENTO

No final de 2020, passou quase despercebida a "Carta sobre Justiça e Debate Aberto" publicada na *Harper's Magazine*, assinada por 153 intelectuais de renome mundial, dentre os quais Noam Chomsky, Steven Pinker, Margaret Atwood, Francis Fukuyama, em que apelam ao "debate livre" e chamam a atenção para os riscos da *"cancel culture"*, a cultura do cancelamento.

Essa carta fala dos "poderosos protestos pela justiça racial e social", que reivindicam "mais igualdade e inclusão nas nossas sociedades", mas também denuncia um efeito secundário indesejável, que se manifesta por "um conjunto de atitudes morais e compromissos políticos que tendem a enfraquecer as normas do debate aberto e a tolerância das diferenças a favor da conformidade ideológica".

A democracia liberal, dizem os autores, tem de saber se defender dos ataques de que é alvo atualmente, vindos dos movimentos nacionalistas e populistas de direita e de extrema direita, mas também do radicalismo esquerdista. "A livre troca de informação e de ideias, sangue vital de toda sociedade liberal, está se tornando cada dia mais limitada."

Limitações essas que começam a impregnar o ambiente cultural, acentuar a intolerância perante pontos de vista opostos e dissolver questões políticas complexas numa certeza moral cega. É a moda do ostracismo de quem pensa de maneira diferente.

As assinaturas da carta vão de Noam Chomsky a Fareed Zakaria, passando por escritores como Margaret Atwood, J. K. Rowling, Salman Rushdie, acadêmicos como Mark Lilla, Steven Pinker, Francis Fukuyama, analistas como Ian Buruma e David Brooks, feministas como Gloria Steinem.

A "Carta sobre Justiça e Debate Aberto" exalta o movimento Black Lives Matter, desencadeado pelo assassinato de George Floyd, como uma reação espontânea, saudável e vigorosa, que percorreu a sociedade americana, unindo todas as etnias numa onda de protestos que foi muito além do simples combate ao racismo que séculos de democracia não conseguiram erradicar. O movimento foi também a expressão do repúdio cada vez mais generalizado de Donald Trump, que chegou à Casa Branca com um discurso abertamente xenófobo - visando, em primeiro lugar, à imigração hispânica, mas à beira da "supremacia branca". O movimento foi uma gigantesca lufada de ar fresco que atravessou o Atlântico, mas como frequentemente acontece, corre o risco de se deixar aprisionar pela "ideologia do politicamente correto".

Simultaneamente à publicação do manifesto, uma capa da *Economist* punha o dedo na ferida. A raça, quando se transforma em ideologia, passa a ser uma ameaça ao debate aberto das sociedades liberais, conduzindo-nos diretamente às políticas identitárias, que já aprisionaram uma parte do Partido Democrata e que têm na Europa os seus "cultores" numa esquerda radical que fez em alguns momentos, das chamadas "questões fraturantes", o seu combate essencial, conseguindo impor uma cultura de exclusão que já atingiu a própria grande imprensa liberal. O derrubar de estátuas foi a manifestação mais insólita e evidente dessa cultura, que acabou por contagiar muita gente, receosa de dizer que Colombo ou o Infante D. Henrique agiram em conformidade com a época em que viveram, ou se sentiu compelida a reconhecer os inúmeros defeitos de Churchill, para poder defendê-lo envergonhadamente. Claro que há sempre o argumento de que esse debate, mesmo imposto pelos excessos de alguns, acaba por ser saudável, permitindo um conhecimento melhor do passado e da identidade de cada povo e de cada nação, tantas vezes branqueada por mitos e lendas.

A questão essencial que o manifesto, a *Economist* e múltiplos artigos de opinião e de análise se colocam é simples: a democracia liberal tem de saber defender-se dos ataques de que é alvo atualmente, que não vêm apenas dos movimentos nacionalistas e populistas da direita e da extrema direita. Ataques estes que podem vir também do radicalismo esquerdista, cuja visão do mundo é, na sua essência, igualmente autoritária e discriminatória sob o manto diáfano das boas intenções. Para essas correntes, um branco é, por natureza, racista, mesmo que se declare antirracista. Tal como, no tempo do comunismo, um intelectual seria sempre um "burguês", por melhor que quisesse servir à classe operária.

Na gênese das duas "ideologias" está a noção de identidade, de cor da pele ou de classe ou até de gênero. O indivíduo não conta ou, se conta, é para aceitar que a sua identidade determina a sua individualidade. É, portanto, a negação do liberalismo que nasceu no Século das Luzes e que faz de cada indivíduo, desde que nasce, um ser simultaneamente autônomo e igual a todos os demais. Esse princípio definidor das democracias liberais não foi uma revelação divina (embora tenha algumas das suas raízes no cristianismo). Foi obra do pensamento dos homens e, por consequência, a sua aplicação ao longo de mais de dois séculos foi evolutiva e esteve longe da perfeição. Houve, como lembra a revista britânica, liberais "imperialistas" ou "racistas", que justificaram o colonialismo europeu com a imposição do bom governo a quem não sabia governar. Nos Estados Unidos, os pais fundadores excluíram os escravos do direito de cada um à felicidade a partir da liberdade.

A história das democracias liberais é a história dos seus altos e baixos, das suas virtudes e dos seus erros, da sua capacidade de compatibilizar a liberdade individual com o combate e a correção das injustiças sociais mais gritantes. Têm um princípio inquestionável: a liberdade de expressão sobre a qual assenta o debate livre, cujas limitações devem ser mínimas, reservadas à defesa da integridade física de cada um e à proibição do incitamento à violência. É isto que é fundamental preservar, para além das modas ou dos radicalismos, sobretudo num momento em que as democracias liberais estão na defensiva perante a emergência de regimes autoritários que ganham força em escala mundial. No entanto, certos analistas preveem, talvez rápido demais, o inexorável declínio do Ocidente, minado, entre outras coisas, pelos seus próprios problemas internos.

O Ocidente implica também que a política externa dos seus governos não abdique da defesa dos seus valores nas relações internacionais. São duas faces da mesma moeda cujo brilho não deve se apagar tão cedo.

GUERRA DE CIVILIZAÇÕES, GUERRA DE RELIGIÃO

"É preciso deixar de buscar desculpas para o radicalismo islâmico. Não podemos ceder ante o fascismo, e o terrorismo islamita é isso. Trata-se apenas de mais um totalitarismo. É uma doutrina política que quer regular todos os aspectos da pólis."

Richard Malka, advogado do *Charlie Hebdo*

Em geral, com exceção de pessoas geniais, como Orson Welles, que virou capa da revista *Visão*, uma entrevista vale por uma ou duas declarações. O resto são banalidades. Foi o caso da exclusiva que fiz com o aiatolá Khomeini, dias antes de ele embarcar para Teerã como líder inconteste da maior revolução da segunda metade do século XX. Após 15 minutos de frases feitas recheadas de citações do Alcorão, desqualificando o xá Reza Pahlavi e seu regime corrupto, o velho de barbas brancas, olhos negros profundos, frieza siberiana, sentiu-se à vontade para falar. Sei lá eu por quê. Após um silêncio constrangedor, olhou nos meus olhos e em um tom pausado e solene declarou:

> Nós não estamos apenas transformando o Irã, não estamos só fundando uma República Islâmica, estamos mudando o mundo. Conosco o islã irá se tornar a religião global. A Revolução Islâmica está destinada a ter um "caráter universal", a se alastrar para muito além das fronteiras iranianas, para os países muçulmanos obviamente, mas também para o resto do mundo. A existência de um "califado planetário" está prevista no Alcorão. Caberá a nós construí-lo, em nome do profeta, "por todos os meios".
>
> *Allahu Akbar!* (Alá é grande!)

Quatro expressões - Revolução Islâmica, caráter universal, califado planetário e por todos os meios - me deram calafrios, muito embora na época eu fosse incapaz de compreender a dimensão do que acabara de ser dito. Não podia alcançar, nem intuir, a importância daquelas palavras ameaçadoras. Estava longe de imaginar que naquele instante, naquele vilarejo de Neauphle-le-Château, a 30 quilômetros de Paris, debaixo de uma tenda desconfortável plantada em direção da Meca, meu gravadorzinho de fita cassete estivesse registrando o que viria a ser uma estratégia geopolítica expansionista e sangrenta, que entraria no século XXI e germinaria a *jihad*, a guerra santa islâmica.

Hoje, passados 41 anos, olho para trás e compreendo que aquele momento marcou uma transformação profunda e duradoura; mudou o mundo muçulmano e deu início a uma nova cruzada, em que o nome do Jesus da Idade Média foi substituído pelo de Maomé. O islã, com todas as suas vertentes ideológicas, se lançou num projeto de poder. Dentro e fora do espaço muçulmano, como anunciara o aiatolá. No plano "interno", a cisão entre as diferentes correntes - xiitas e sunitas - transformou-se em guerra aberta, liderada pelas potências regionais, Arábia Saudita e Irã, com a inclusão recente da Turquia. O objetivo é claro: criar espaços de influência em torno do Mediterrâneo.

O terrorismo faz parte dessa estratégia geopolítica. Teerã e Riad ontem, Ancara hoje, foram - e são - os grandes financiadores dos atentados que ensanguentam o mundo.

Num determinado momento, os palestinos foram usados como justificativa para a violência. Depois, foram abandonados, jogados no lixão do esquecimento. Hoje, os palestinos são ignorados e até desprezados pelos países árabes.

Tanto o Irã como a Arábia Saudita e a Turquia têm se unido a países ocidentais interessados nas riquezas da região e não hesitam em combater uns aos outros em teatros como a Síria, Líbano, Líbia ou Iêmen.

Durante anos, os conflitos no Oriente Médio giraram em torno de um fator comum: a rivalidade entre Irã e Arábia Saudita. Esse antagonismo inflamou a violência em áreas já devastadas pela guerra e acabou por criar novos campos de batalha, onde anteriormente existia uma relativa paz.

São estratégias de poder hostis que se digladiam. Neste contexto, o combate a Israel, que outrora serviu de pretexto para alicerçar a unidade árabe, tornou-se uma questão subalterna, como provam os recentes acordos de retomada das relações diplomáticas entre Tel Aviv, Cartum, Abu Dhabi e Manama, e o desinteresse pelo conflito israelo-palestino. A própria Arábia Saudita, através de seu príncipe herdeiro Mohammad bin Salman, já reconheceu oficiosamente o direito à existência de Israel em paz e segurança. Só não o fez abertamente porque, como sede dos principais locais sagrados do islã, isso simbolizaria a normalização das relações de Israel com todo o mundo muçulmano. E tanto o xiismo como parte do sunismo ainda não estão prontos a dar o passo.

Por outro lado, na briga entre as duas vertentes do islã, o Irã se coloca como o grande defensor dos xiitas na luta pela hegemonia muçulmana. Não nega esforços nessa direção, seja atuando diretamente na guerra síria, seja armando militar e ideologicamente movimentos terroristas como o Hamas e o Hezbollah.

A Turquia entrou na luta pela conquista regional mais recentemente, a partir do momento em que houve uma tentativa de golpe contra Recep Erdogan (real ou imaginária?) e em que o líder turco fez uma verdadeira purga nas Forças Armadas, nos tribunais, na polícia e na sociedade civil em geral, prendendo meio milhão de pessoas e acabando com toda contestação. Conquistou assim a fidelidade do exército e instaurou uma ditadura político-islâmica, lançando-se na busca de seu grande sonho, a refundação do Império Otomano. Além da influência no Oriente Médio, voltou-se para o Mediterrâneo, criando zonas de conflito com a

União Europeia e o norte da África. Para tanto, não hesitou em traçar um estranho diálogo com Vladimir Putin, ora amigo, ora adversário, e desafiar a Aliança Atlântica, da qual a Turquia faz parte. De quase membro, passou a espicaçar a União Europeia.

Erdogan pôs um ponto-final no país secular de Kemal Atatürk, inventor da Turquia moderna, para tornar-se um verdadeiro sultão.

Nos três casos, a religião é colocada a serviço da política, da geopolítica e do devaneio de seus líderes. No Irã, a principal autoridade é o chefe dos Guardiães da Revolução, no caso da Arábia Saudita é o príncipe herdeiro, no da Turquia, o presidente-sultão-ditador. Não há espaço para a separação entre a Igreja e o Estado.

O Ocidente e até a China de Xi Jinping são peças nesse xadrez geopolítico, bem como outros grandes países muçulmanos, como o Paquistão. Os Estados Unidos são ao mesmo tempo o Grande Irmão de Riad e o Satanás de Teerã, a Europa (e a França em particular) o infiel dentre os infiéis, a China um possível futuro amigo, ou ao menos aliado.

Se de um lado o mundo muçulmano nem sequer dialoga entre si, de outro os instrumentos para exportar seus projetos de poder são cada dia mais limitados. O fracasso da Primavera Árabe jogou a Irmandade Muçulmana no ostracismo e cada país caminhou numa direção. Os grandes movimentos que alimentavam a violência expansionista - Al-Qaeda, Daesh, Al-Qaeda do Magreb Islâmico - foram derrotados militarmente e tentam com dificuldade se reconstruir para existir através do terror.

Diante desse quadro, uma parcela dos muçulmanos da diáspora voltou-se para os valores tradicionais. Enquanto os países exportadores da teoria de Khomeini, numa atitude dúbia, passaram a alimentar o ódio aos infiéis, através de uma enorme rede de mesquitas e de associações culturais, esportivas e outras, a exemplo dos evangélicos no Brasil. Elas optaram por se implantar nos subúrbios dos centros urbanos europeus, nos quais prosperam conjuntos habitacionais desumanos que com frequência se transformam em guetos, abandonados pelo Estado, onde vivem populações magrebinas. Semearam em terreno fértil, em que já reinavam a xenofobia e a islamofobia plantadas pela extrema direita. A mesma Europa, que abriu as portas a milhões de refugiados das guerras fraticidas, transformou-se no principal palco, porém não único, da violência islamita.

A respeito, é mister abrir um parêntese para assinalar um erro crasso e frequente dos "analistas" da imprensa brasileira, que se autointitulam "experts" em assuntos internacionais. Ao criticar o discurso de Emmanuel Macron após a decapitação do professor Samuel Paty, confundem o termo "islamita" (*islamiste*, em francês) com "muçulmano". *Islamiste* não significa muçulmano e sim extremista islâmico, aquele que se radicalizou. Erram ao confundir os dois termos, talvez por ignorância; acabam escorregando num amálgama mal odorante.

Necessário sublinhar para que não haja dúvida: a violência vem dos islamitas e não da comunidade muçulmana, cujos representantes a denunciam sistematicamente.

O terrorismo faz parte do projeto de poder e pouco tem a ver, por exemplo, com as caricaturas de Maomé. Até o século XVI, as imagens do profeta, hoje proibidas pelos extremistas sunitas, integravam a iconografia islâmica. Centenas de quadros magníficos, representando Maomé, embelezam até hoje as paredes do Palácio Topkapi, de Istambul. A proibição veio de uma reescrita do Alcorão pela seita radical. E é polêmica até hoje entre os estudiosos do islã.

Assim, as caricaturas verdadeiras de Maomé (veja o texto "As caricaturas *fakes* que incendiaram o mundo") publicadas inicialmente na Dinamarca e depois no *France Soir* e finalmente *Charlie Hebdo*, entre outros jornais europeus, são apenas a parte visível do iceberg. Servem de bode expiatório, na medida em que os integristas precisam de uma razão para explicar às suas comunidades atos que não têm nenhuma. Se as caricaturas são tão provocadoras a ponto de explicar a decapitação de um professor, como entender a degola de um sacristão, a morte a facadas de uma dançarina brasileira ou a morte a tiros de várias pessoas diante de uma sinagoga em Viena, só para citar os ataques mais recentes? Como compreender os atentados islamitas cometidos no Reino Unido, na Alemanha, na Holanda, na Itália, na Noruega, na Espanha e até na longínqua e pacífica Nova Zelândia? Como aceitar que os islamitas tenham lançado, via redes sociais, ameaças de morte à comunidade asiática de Paris, sob o argumento de que os chineses, além de terem criado o coronavírus, cometem as piores atrocidades contra os uigures (muçulmanos sunitas de Xinjiang), escravizando, assassinando, estuprando?

As caricaturas não podem ser usadas como justificativa. A violência como resposta é falta de argumento. Aliás, o jovem que feriu dois jornalistas em frente à antiga sede do *Charlie*, em setembro de 2020, confessou a amigos nunca ter visto as tais caricaturas, nem sabia que o jornal satírico tinha mudado de endereço após o massacre de sua redação, cinco anos antes.

Vingar-se da França colonialista? Tampouco. Os autores dos recentes atentados são chechenos, paquistaneses, afegãos. Apenas um era de origem tunisiana. O que não exime o país de uma mais que necessária autocrítica, que, diga-se de passagem, está sendo feita, embora tardiamente.

Por que então fazer da França ou de outros países europeus alvos privilegiados do terrorismo islâmico? Porque os atentados cometidos contra populações muçulmanas em países muçulmanos ou africanos, embora muitíssimo mais numerosos, não viram notícia na grande imprensa internacional. A repercussão da tentativa de morte da menina Malala, que cometeu o crime de querer estudar, é exceção, apesar da quantidade incontável de Malalas.

Cinquenta moçambicanos anônimos, decapitados como Samuel Paty numa aldeia transformada em campo de extermínio por um grupo ligado ao Estado Islâmico no norte do país, não mereceram, infelizmente, destaque proporcional.

As principais vítimas do radicalismo islâmico são os muçulmanos, mesmo que quase nada se publique a respeito. Trezentas meninas foram sequestradas pelo grupo terrorista Boko Haram, na Nigéria, por terem ousado ir à escola pública.

O que explica o terrorismo islâmico é o projeto de poder de Erdogan, Bin Salman e aiatolá Ali Khamenei pela supremacia no mundo islâmico. Os atentados só são possíveis graças a uma extraordinária e eficaz rede de associações religiosas ou não, instaladas na Europa e financiadas, sobretudo, por essas três potências islâmicas, mais o Catar e o Paquistão. Várias mesquitas instaladas em solo europeu, dirigidas por imanes originários e pagos por esses países, defendem abertamente a *sharia*, a lei islâmica, em detrimento da Constituição local. Nelas, legitimam-se tanto o casamento forçado de crianças de 10 anos como a morte por apedrejamento de homossexuais ou de mulheres adúlteras. Os frequentadores são instigados a matar os infiéis. Acabam se radicalizando, alguns matando.

Mila, uma estudante adolescente de 16 anos, viu sua vida virar de cabeça para baixo no dia 18 de janeiro de 2020, quando publicou um vídeo nas redes sociais criticando o islã para se defender do ataque homofóbico de um rapaz muçulmano, que a chamou de "lésbica asquerosa". Seguiu-se então uma das maiores ondas de mensagens insultantes jamais vista na história da internet na França. Foram cerca de 200 por minuto nos dias que se seguiram. Desde então, Mila recebe ameaças de morte diárias, já foram mais de 35 mil, está sob proteção policial e foi obrigada a abandonar a escola.

Contra sua vontade, Mila tornou-se um ícone do partido xenófobo Rassemblement pour la République, de Marine Le Pen, que defende a expulsão dos estrangeiros.

Após o atentado que matou quatro pessoas no centro de Viena em 2 de novembro de 2020, reivindicado pelo Estado Islâmico, Emmanuel Macron, Sebastian Kurz, Angela Merkel, Mark Rutte, Charles Michel e Ursula von der Leyen reuniram-se em videoconferência para registrar a "determinação em defender nossos valores fundamentais", nas palavras da líder alemã. "Este não é um combate contra o islã, não está em causa uma contenda entre o cristianismo e o islã, mas sim a defesa do nosso modelo de sociedade por parte de quem ataca as nossas liberdades."

A mesma ideia foi sublinhada pelo primeiro-ministro dos Países Baixos: "é um combate entre a civilização e a barbárie".

Todos os dirigentes falaram na importância da formação de imãs, algo que alguns países europeus já começaram a fazer nos últimos anos para tentar evitar a vinda de estrangeiros radicais. "Temos de impedir que os lugares de oração se tornem lugares de ódio", disse Rutte.

PANDEMIA, UMA JANELA DE OPORTUNIDADE

Para a divulgação das mensagens hediondas, nada melhor que as redes sociais divulgadoras do ódio, tanto islamita como neofascista.

Em face desse quadro, alguns politólogos europeus não hesitam em falar em guerra de civilizações, enquanto outros veem aí uma guerra de religião. Estamos diante de uma cruzada em que o futuro da democracia e dos direitos humanos está em risco. Se os governos não adotarem uma atitude firme de combate a todas as discriminações, a todos os fundamentalismos – islamita, judaico, cristão – dentro das regras de respeito ao Estado de Direito, a extrema direita ocupará o espaço. O tempo é agora, se já não for tarde demais. A pandemia abre uma janela de oportunidade, que se não for aproveitada fará com que a saída do confinamento marque a vitória do populismo fascista e transforme o velho mundo iluminista na antessala do inferno dantesco. Se abandonarmos nossos valores, expressos na Declaração Universal dos Direitos Humanos, estaremos dando razão aos integristas de todas as religiões e ideologias.

AS CARICATURAS *FAKES* QUE INCENDIARAM O MUNDO

Num texto sobre a história das caricaturas, a jornalista Caroline Fourest, ex-*Charlie*, conta:

> Em 30 de setembro de 2005, o *Jyllands-Posten*, principal diário conservador dinamarquês, publicou doze desenhos sobre Maomé nas páginas de cultura, sob o título "Os rostos de Maomé". Não por provocação gratuita, mas para denunciar uma forma de censura. Meses antes, um autor dinamarquês de esquerda, alérgico ao fundamentalismo, Kare Bluitgen, não conseguiu encontrar um só desenhista que aceitasse ilustrar um álbum para crianças contando a vida de Maomé. O horror do assassinato do cineasta de extrema direita Theo Van Gogh, degolado por um islamita marroquino, em 2004, ainda estava na cabeça de todos.
>
> No mesmo *Jyllands-Posten*, um humorista escreveu: não tem problema urinar na Bíblia na frente das câmeras, mas eu não faria o mesmo com o Alcorão.
>
> Em Londres, após os atentados de 7 de julho na capital britânica (52 mortos e mais de 700 feridos), o diretor da Tate Gallery anulava uma exposição satírica, já programada, sobre o Talmud, a Bíblia e o Alcorão. Na Suécia, meses antes, o museu de Göteborg anulou uma exposição sobre símbolos sexuais e citações do Alcorão.

Foi nesse contexto de autocensura que o editor de Cultura do jornal dinamarquês teve a ideia de realizar um concurso de desenhos sobre a imagem de Maomé.

A maioria dos desenhos apresentados mostrou um profeta estilizado e poético. Outros satirizaram o *Jylland-Postens*; dois foram mais virulentos: um mostrava Maomé com um turbante em forma de bomba, o outro, Maomé com um facão ao lado de duas mulheres cobertas de burca.

Até que um grupo islamita paquistanês colocou a cabeça dos desenhistas a prêmio. Mas não por causa das caricaturas publicadas no jornal dinamarquês, depois no *Charlie*, e sim por causa dos falsos desenhos.

Como assim? Eis aqui a verdadeira história, pouco conhecida: com o intuito de colocar lenha na fogueira, Abu Laban e Ahmed Akkari, dois paquistaneses de grande prestígio, levaram para uma reunião com líderes do Egito, Turquia, Líbano, Síria e golfo Pérsico um dossiê contendo caricaturas publicadas em sites fascistas na internet, que nada tinham a ver com aquelas do *Jyllands-Postens*. Dentre elas, uma acusando Maomé de pedófilo, outra mostrando um homem com cabeça de porco, outra ainda com Maomé sendo sodomizado por um cachorro.

Foram essas caricaturas que incendiaram o mundo muçulmano, provocando protestos violentos por multidões e uma onda de atentados, inclusive contra embaixadas da Dinamarca, Áustria, Noruega e França no Oriente Médio. Furioso, o ministro egípcio das Relações Exteriores, Ahmed Aboul Gheit, presente na tal reunião, entrou com um projeto de resolução na ONU pedindo a proibição de todo "ataque" às religiões.

A *sharia* contra as caricaturas estava lançada.

MAFALDA FESTEJOU O ABORTO

Uma grande tristeza tomou conta de mim ao acordar numa quarta-feira, último dia de setembro de 2020. Comigo, tendo a acreditar, boa parte da humanidade amanheceu cabisbaixa.

Desapareceu um dos maiores gênios dos quadrinhos, um dos humores mais singelos e mordazes dos nossos tempos, ícone do politicamente incorreto: Quino, o criador de Mafalda, a menina que acompanhou minha geração pela vida.

A notícia me lembrou de um episódio ocorrido há dois anos na Argentina. Em pleno debate sobre a descriminalização do aborto, a imagem de Mafalda foi usada, sem a permissão de Quino, pelos fundamentalistas cristãos, atiçados pelas igrejas católica e pentecostais, em campanha contra a despenalização. Cartazes espalhados por Buenos Aires diziam: Mafalda é a favor da vida. Assinado, Quino.

Naquela altura se debatia a legalização da interrupção voluntária da gravidez, que tinha sido aprovada em primeira leitura da Câmara dos Deputados.

A declaração estampada nos *outdoors* do metrô portenho era, evidentemente, falsa. Causou estranheza. Apesar de seus 86 anos, tendo perdido a visão devido a um glaucoma, Quino reagiu *illico presto*: "Não autorizei o desenho, não reflete minha posição e exijo que seja retirado."

No Twitter e Facebook, Mafalda também se insurgiu: "Sempre e explicitamente defendi os direitos das mulheres."

Procurado pelo *El País*, Diego Lavado, sobrinho e olhos de Quino, comentou que o desenhista sempre foi feminista, aliás o primeiro feminista que conheceu. Diego recebeu dele um comunicado, desejando sucesso às defensoras da descriminalização do aborto.

Na época, a Argentina só autorizava a interrupção da gravidez em casos excepcionais, como estupro e risco de vida para a mulher - e, mesmo nessas circunstâncias, a interrupção da gravidez só podia ser feita depois da autorização de um juiz. Exatamente como em outros países da América Latina.

Mafalda, obviamente, não podia ser contra esse direito fundamental das mulheres. Não era, não foi, nem nunca será. Por isso, junto a seu criador, festejou o início do processo de legalização do aborto, finalizado no penúltimo dia do ano da pandemia. Teriam certamente comemorado juntos, como pai e filha, com champanhe e tudo mais, o voto histórico do Senado argentino, de maioria conservadora, legalizando o direito das mulheres de decidir.

Mas ambos certamente choraram de tristeza, dias antes da morte de Quino, ao olhar para cima no mapa da América Latina e constatar o que constatamos em terras fascistas: um governo pressionando uma criança estuprada a ir ao fim da gravidez, inclusive através de ameaças psicológicas e físicas.

Esta terra tem nome, que me envergonha pronunciar: Brasil.

Tirados os tantos por cento que consideram o governo Bolsonaro bom ou ótimo, os brasileiros que conservam um pingo de humanidade ficaram, espero, estarrecidos com a confirmação de que a pastora-ministra Damares, da pasta ironicamente denominada da Mulher, Família e Direitos Humanos, comandou a violenta campanha para impedir que a criança de 10 anos abortasse após ter engravidado, vítima de estupros repetidos praticados pelo tio durante quatro anos. Não que Damares Alves merecesse respeito nem o benefício da dúvida, já que, num primeiro momento, mentiu e afirmou sua inocência, mas pela enormidade da maldade.

Fiel entre os fiéis de Bolsonaro, ela enviou seus conselheiros para tentar dissuadir a menina de praticar um aborto legal, ou melhor dizendo, tentou impedi-la, mesmo sabendo que ela corria risco de vida.

O aborto é permitido no Brasil em três casos: gravidez decorrente de estupro, casos de risco à vida da mulher e fetos anencefálicos. É uma das legislações mais restritivas do mundo.

A pressão, coordenada pela pastora-ministra, tinha como objetivo transferir a criança de São Mateus (ES), onde vivia, para um hospital em Jacareí (SP), onde aguardaria a evolução da gestação e o nascimento do bebê. Sob o argumento de que se tratava de uma instituição de referência no atendimento de gravidez de risco, o Hospital São Francisco de Assis, de Jacareí, assumiria os cuidados médicos da menina, fazendo seu pré-natal até que ela estivesse pronta para o parto. Não por coincidência nem acaso, o hospital é parceiro da Igreja Quadrangular, cristã evangélica pentecostal de origem americana, que teve como expoente no Brasil o pastor Henrique Alves Sobrinho, pai de Damares (fundador de cem templos no Brasil).

Os representantes da ministra - Alinne Duarte de Andrade Santana, coordenadora-geral de proteção à criança e ao adolescente da Secretaria Nacional dos Direitos da Criança e do Adolescente, Wendel Benevides Matos, coordenador-geral da Ouvidoria Nacional de Direitos Humanos, mais dois assessores e o deputado estadual Lorenzo Pazolini (Republicanos) - foram encarregados da execução da transferência (a palavra mais correta seria sequestro). De quebra, vazaram o nome da criança para Sara Winter, aliás Sara Giromini, a quem Damares chamou no passado de "minha filha". Winter (nome emprestado de uma espiã nazista), como já dissemos, foi treinada nos campos militares neonazistas do grupo Azov, na Ucrânia, com o objetivo de fomentar atos terroristas no Brasil.

Damares e seus asseclas atentaram contra o Estatuto da Criança e do Adolescente e transformaram a família em alvo de ameaças. Após inúmeras agressões, a menina e a avó entraram para o programa de proteção à testemunha e foram obrigadas a deixar a casa em que moravam.

Mas nada disso parece importar nesta terra arrasada em que se transformaram os direitos humanos no Brasil, com os procuradores a mando do Planalto preferindo investigar o médico encarregado do aborto à ministra criminosa de Jesus na goiabeira.

Damares, Bolsonaros e seus adoradores de bezerros de ouro aproveitam a ocasião para mais uma investida destinada a intimidar as mulheres decididas a interromper a gravidez.

O Ministério da Saúde, na ocasião ocupado por um general de 3 estrelas que nunca fez um curativo sequer, publicou no lodo depois uma portaria com novas regras para atendimento ao aborto legal. O texto obriga os médicos a avisarem a polícia quando atenderem pacientes que peçam para interromper uma gestação em razão de estupro. Assim, aborto vira caso de polícia...

As equipes de saúde também deverão informar a mulher da possibilidade de ver o feto em ultrassonografia, numa clara manobra para demovê-la da decisão de abortar. Enfim, o texto determina que as pacientes devem assinar um termo de consentimento, no qual consta uma lista de possíveis complicações na intervenção. Uma forma ignóbil de jogar em cima da mulher violentada a responsabilidade de um eventual erro médico que a levaria à morte.

Felizes os argentinos, que não têm um presidente miliciano de ideias e comportamentos medievais.

Se não tivesse perdido seu pai, agora Mafalda estaria questionando a sociopatia bolsonarista com um de seus pensamentos anticonformistas pseudoinocentes, enquanto seu primo-irmão Fradinho, do Henfil, daria boas e sarcásticas gargalhadas: Fodi o Brasil! Top, top, top, rs, rs, rs, rs, rs.

OS DIREITOS HUMANOS, NOSSA BÚSSOLA

O ano de 2020 chegou ao fim. Estivemos um ano em suspenso. Minha geração, que não viveu a Segunda Guerra, aprendeu o sentido, por viver na pele, da expressão estado de emergência. Graças aos cientistas e apesar de inúmeros políticos, 2021 é o ano do início do fim da pandemia. Em breve, como sempre acontece nesse tipo de situação, teremos esquecido o pior, para voltar a viver como se quase nada tivesse ocorrido. Aprendemos as lições que ela nos trouxe? Algumas sim, certamente, outras não.

Há um ano, não podíamos imaginar que uma pandemia global colocaria à humanidade um dos maiores desafios do presente. Mas vale a pena parar um instante e refletir. No fundo, foram poucos os novos problemas que a pandemia criou; aqueles que já existiam acabaram por ser agravados.

O coronavírus evidenciou a fragilidade dos nossos sistemas de saúde, deixando muita gente sem acesso aos cuidados a que tinham direito. O direito à saúde foi o que mais sofreu. Resta muito a fazer para que ele seja universal.

A crise de saúde pública foi seguida de uma crise econômica e social devastadora para bilhões de pessoas, sobretudo para quem sofre mais de perto a multidiscriminação. Uma mulher, pobre e negra sofreu três níveis de discriminação, ali onde um já seria demais.

As mais duramente expostas à pandemia em todo o mundo foram, como sempre, as pessoas em condições de maior vulnerabilidade, que vivem nas margens esquecidas e mais pobres da humanidade. Por falta de habitação digna, sem água nem esgoto, por trabalhos mais precários e sem possibilidade de parar ou de fazer teletrabalho.

Estes indivíduos foram discriminados até com relação à vacina. Os países mais ricos reservaram doses para vacinar as suas populações quase três vezes, enquanto 67 das nações mais pobres não conseguirão imunizar os seus. Todas as doses da Moderna e 96% da Pfizer/BioNTech foram reservadas pelos países mais ricos.

Além da saúde, outros direitos econômicos e sociais foram colocados em xeque: a segurança alimentar, a habitação e a educação, evidenciando a situação de fragilidade, sobretudo de mulheres em contexto de violência doméstica, crianças, refugiados e pessoas deslocadas à procura de uma melhor vida. Todos sofreram, desde os civis que fogem das guerras no Iémen, na Etiópia ou na Síria, até quem busca trabalho e outras condições para se afastar da miséria.

À sombra da pandemia, muitos direitos civis e políticos foram abalados. O discurso de ódio ganhou terreno.

De Hong Kong à Amazônia, vários defensores de direitos humanos viram a sua vida em risco e foram detidos ou vítimas da repressão brutal das autoridades. Também a justiça climática perdeu terreno à sombra da pandemia. Os recursos naturais de que precisamos para viver correm sério risco. Mesmo assim, continuam a ser submetidos ao interesse financeiro desenfreado. Nunca se desflorestou tanto na Amazônia.

Muito tem de mudar já e para isso acontecer o mundo precisa de uma injeção de esperança, que nos devolva o sentido de humanidade. O mundo precisa de uma bússola que o oriente e recentre naquilo que é essencial à vida e ao planeta. Essa bússola existe e tem nome: direitos humanos.

O AUTOR

Milton Blay é correspondente em Paris do grupo Bandeirantes. Começou sua carreira na rádio Jovem Pan, tendo integrado a equipe que ganhou o prêmio Esso de melhor programa radiofônico. Vive na capital francesa desde 1978, tendo trabalhado como correspondente da revista *Visão*, do jornal *Folha de S.Paulo* e das rádios Capital, Excelsior (depois CBN), Eldorado. Foi redator-chefe da Radio France Internationale e presidente da Associação da Imprensa Latino-Americana na França. Graduou-se em Direito pela USP e Jornalismo pela Fiam. Possui mestrado em Economia e doutorado em Política pela Université de Paris 3. É autor dos livros *Direto de Paris* e *A Europa hipnotizada*, e coautor de *O Brasil no contexto: 1987-2017*, publicados pela Contexto.

GRÁFICA PAYM
Tel. [11] 4392-3344
paym@graficapaym.com.br